T0209516

77 Keywords Consulting

Springer Fachmedien Wiesbaden GmbH
(Hrsg.)

77 Keywords Consulting

Grundwissen für Unternehmensberater

2., aktualisierte Auflage

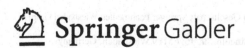

Hrsg.
Springer Fachmedien Wiesbaden GmbH
Wiesbaden, Deutschland

ISBN 978-3-658-23653-3   ISBN 978-3-658-23654-0   (eBook)
https://doi.org/10.1007/978-3-658-23654-0

Die Deutsche Nationalbibliothek verzeichnet diese Publikation in der Deutschen National-
bibliografie; detaillierte bibliografische Daten sind im Internet über http://dnb.d-nb.de abrufbar.

Springer Gabler
© Springer Fachmedien Wiesbaden GmbH, ein Teil von Springer Nature 2013, 2019
Springer Gabler ist ein Imprint der eingetragenen Gesellschaft Springer Fachmedien Wiesbaden GmbH
und ist ein Teil von Springer Nature
Die Anschrift der Gesellschaft ist: Abraham-Lincoln-Str. 46, 65189 Wiesbaden, Germany

Autorenverzeichnis

PROFESSOR DR. JOHANN ENGELHARD
Andrassy-Universität Budapest, Budapest
Themengebiet: Internationales Management

PROFESSOR DR. ROLF-DIETER REINEKE
Fachhochschule Nordwestschweiz, Windisch
Themengebiet: Unternehmensberatung

PROFESSOR DR. GERHARD SCHEWE
Westfälische Wilhelms-Universität, Münster
Themengebiet: Grundlagen und Funktionen der Organisation

PROFESSOR DR. DR. H. C. JÜRGEN WEBER
WHU – Otto Beisheim School of Management, Vallendar
Themengebiet: Internes Rechnungswesen

PROFESSOR DR. KLAUS WÜBBENHORST
Europäische Metropolregion Nürnberg, Nürnberg
Themengebiet: Marktforschung

Ablauforganisation

1. *Begriff*: Der raum-zeitliche Aspekt der Organisation. Die organisationalen Elemente (Handlungsträger, Aufgaben, Sachmittel etc.) sind hinsichtlich des zeitlichen und des räumlichen Ablaufs so zu gestalten, dass alle Arbeitsgänge lückenlos aufeinander abgestimmt sind.

Gegensatz: Aufbauorganisation.

2. *Regelungen*: Generelle ablauforganisatorische Regelungen sind nur bei regelmäßig wiederholten Vorgängen (Routineprozessen) sinnvoll. Bei sich ändernden organisatorischen Rahmenbedingungen sind ablauforganisatorische Regelungen um Elemente der Flexibilisierung oder Pufferung zu ergänzen.

3. *Hilfsmittel*: Harmonogramm.

Advocacy Consulting

Unter Advocacy Consulting werden Gefälligkeitsgutachten, Stellungnahmen oder Untersuchungen, die dazu dienen, einen bestimmten Standpunkt zu unterstützen und vorgegebene Ergebnisse zu liefern, verstanden. Im Bereich der Unternehmungsberatung können sie zur Rechtfertigung von Unternehmensentscheidungen oder bereits gefasster Pläne in Betracht gezogen werden. Dies bedeutet nicht notwendigerweise, dass die Übereinstimmung zwischen vorhandenen Konzepten einer Geschäftsleitung und den Ergebnissen von Consulting-Projekten den Tatbestand einer unzulässigen Gefälligkeit erfüllt. Sie kann durchaus sachlich begründet sein. Aus Sicht der Beraterethik (Consulting Governance) ist die Erstellung von Advocacy Consulting jedoch inakzeptabel, da sie die Gebote der Neutralität und Objektivität grob verletzen. Voraussetzung korrekter Beratertätigkeit ist eine Projektzielsetzung, die alternative Ergebnisse zulässt sowie die objektive und unabhängige Projektdurchführung.

Ambition Driven Strategy

Ein in den 1990er-Jahren von dem Beratungsunternehmen Arthur D. Little entwickelter Ansatz der Strategieberatung, der primär auf einer Kombination rationaler und emotionaler Zielvorstellungen des Unternehmens beruht. Der Sinn einer Ambition Driven Strategy besteht darin, traditionelle Selbstbeschränkungen zu überwinden und den strategischen Options-raum zu erweitern. In ihrer Grundphilosophie ist sie dem Konzept der ler-nenden Organisation verpflichtet, die die kreative Spannung zwischen Vision und Realität nutzt, um neue Denkanstöße mit betriebswirtschaft-lichen Maßnahmen zu unterstützen.

AMCF

Abkürzung für *Association of Management Consulting Firms*, führender in-ternationaler Verband für Managementberatungsunternehmen, 1929 ge-gründet; Sitz in New York.

1. *Aufgaben:* Ziel des AMCF ist es, Qualität, Leistung und Integrität der Consulting-Branche zu fördern, den Erfahrungsaustausch zu unter-stützen und Berufsstandards zu entwickeln. Der Verband dient als In-formationsquelle für Unternehmensberater und unterstützt deren Austausch untereinander. Darüber hinaus vertritt er die Interessen der Berater in der Wirtschaft, bei Behörden, Universitäten und in der Öf-fentlichkeit.

2. *Mitglieder:* Zu den Mitgliedsunternehmen zählen sowohl Einzelbüros als auch große multinationale Beratungsunternehmen. Die Mitgliedschaft setzt mindestens fünf Jahre Geschäftstätigkeit sowie Referenzen von Kol-legen und Kunden voraus, damit Qualität und die Einhaltung des Berufs-kodex gewährleistet werden können.

ASCO

Abkürzung für *Association of Management Consultants Switzerland*, Ver-band der Unternehmensberater in der Schweiz; 1958 gegründet; Sitz in Zürich. Die ASCO begreift sich auch als Standesvertretung und dient als Plattform für Wissen und Information im Consulting.

Aufbauorganisation

1. *Begriff:* Das statische System der organisatorischen Einheiten einer Un-ternehmung, das die Zuständigkeiten für die arbeitsteilige Erfüllung der Unternehmungsaufgabe regelt (Organisation).

2. Zur *Gestaltung der Aufbauorganisation* werden im Rahmen der Stellenbildung bzw. Abteilungsbildung (Spezialisierung) die organisatorischen Einheiten nach Maßgabe ihrer Kompetenzen voneinander abgegrenzt (Kompetenzabgrenzung) und durch Handlungsbeziehungen miteinander verknüpft. Je nach Art dieser Abgrenzung und Verknüpfung (Leitungssystem) ergeben sich unterschiedliche Organisationsstrukturen.

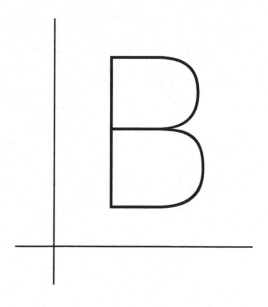

© Springer Fachmedien Wiesbaden GmbH, ein Teil von Springer Nature 2019
Springer Fachmedien Wiesbaden (Hrsg.), *77 Keywords Consulting*,
https://doi.org/10.1007/978-3-658-23654-0_2

Balanced Scorecard

1. *Begriff*: Die Balanced Scorecard ist ein Verbindungsglied zwischen Strategiefindung und -umsetzung. In ihrem Konzept werden die traditionellen finanziellen Kennzahlen durch eine Kunden-, eine interne Prozess- und eine Lern- und Entwicklungsperspektive ergänzt.

2. *Ursprung*: Vor dem Hintergrund immer lauterer Kritik an der Eindimensionalität finanzieller Kennzahlensysteme in den USA wurde Anfang der 1990er-Jahre unter der Leitung von R.S. Kaplan und D.P. Norton ein Forschungsprojekt mit zwölf US-amerikanischen Unternehmen durchgeführt. Ziel war, die vorhandenen Kennzahlensysteme den gestiegenen Anforderungen der Unternehmen anzupassen.

3. *Unterschiedene Perspektiven*: Im Konzept der Balanced Scorecard werden die traditionellen finanziellen Kennzahlen durch eine Kunden-, eine interne Prozess- und eine Lern- und Entwicklungsperspektive ergänzt (vgl. Abbildung „Balanced Scorecard - Perspektiven"); vorlaufende Indikatoren bzw. Leistungstreiber treten damit an die Seite von Ergebniskennzahlen:

Die *finanzielle Perspektive* zeigt, ob die Implementierung der Strategie zur Ergebnisverbesserung beiträgt. Kennzahlen der finanziellen Perspektive sind z. B. die erzielte Eigenkapitalrendite bzw. Economic Value Added. Die finanziellen Kennzahlen nehmen dabei eine Doppelrolle ein. Zum einen definieren sie die finanzielle Leistung, die von einer Strategie erwartet wird. Zum anderen fungieren sie als Endziele für die anderen Perspektiven der Balanced Scorecard. Kennzahlen der Kunden-, internen Prozess- sowie Lern- und Wachstumsperspektive sollen grundsätzlich über Ursache-/Wirkungsbeziehungen mit den finanziellen Zielen verbunden sein.

Die *Kundenperspektive* reflektiert die strategischen Ziele des Unternehmens in Bezug auf die Kunden- und Marktsegmente, auf denen es konkurrieren möchte. Für die identifizierten Kunden- und Marktsegmente sollen Kennzahlen, Zielvorgaben und Maßnahmen entwickelt werden.

Aufgabe der *internen Prozessperspektive* ist es, diejenigen Prozesse abzubilden, die vornehmlich von Bedeutung sind, um die Ziele der finanziellen

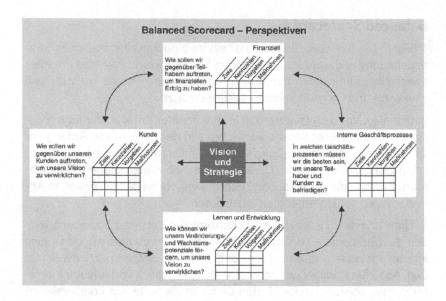

Perspektive und der Kundenperspektive zu erreichen. Hierbei ist eine Darstellung der kompletten Wertschöpfungskette hilfreich.

Die Kennzahlen der *Lern- und Wachstumsperspektive* beschreiben die Infrastruktur, die notwendig ist, um die Ziele der ersten drei Perspektiven zu erreichen. Die Notwendigkeit von Investitionen in die Zukunft wird von Kaplan und Norton besonders betont. Drei Hauptkategorien werden hierbei unterschieden: Qualifizierung von Mitarbeitern, Leistungsfähigkeit des Informationssystems sowie Motivation und Zielausrichtung von Mitarbeitern.

Die Balanced Scorecard präsentiert sich somit als strukturierte, ausgewogene Sammlung von primär diagnostisch zu verstehenden Kennzahlen.

4. *Balanced Scorecard als Managementsystem*: Nach Kaplan und Norton stellt die Balanced Scorecard aber nicht nur ein neues Kennzahlensystem dar; als Managementsystem soll sie vielmehr das Bindeglied zwischen der Entwicklung einer Strategie und ihrer Umsetzung sein. Auf diesem Feld konstatieren die Autoren derzeit erhebliche Defizite: Visionen und Strategie sind nicht umsetzbar; Verknüpfung der Strategie mit

den Zielvorgaben der Abteilungen, der Teams und der Mitarbeiter fehlen; die Strategie ist nicht mit der Ressourcenallokation verbunden; „taktisches" herrscht anstelle von „strategischem" Feedback vor. Alle Hindernisse sollen durch den Einsatz der Balanced Scorecard überwunden werden:

Der Entwicklungsprozess einer Balanced Scorecard im oberen Management soll zur Klärung sowie zum Konsens im Hinblick auf die strategischen Ziele führen.

Die Balanced Scorecard soll zur einheitlichen Zielausrichtung der Handlungsträger im Unternehmen durch drei Mechanismen beitragen: Kommunikations- und Weiterbildungsprogramme, Verknüpfung der Balanced Scorecard mit Zielen für Teams und einzelne Handlungsträger sowie die Verknüpfung mit Anreizsystemen.

Neben den personellen Ressourcen müssen auch die finanziellen und materiellen Ressourcen auf die Unternehmensstrategie ausgerichtet werden. Vier Schritte sollen dabei helfen: Die Formulierung von hoch gesteckten Zielen, die Identifizierung und Fokussierung strategischer Initiativen, die Identifikation kritischer unternehmensweiter Strategien sowie ihre Verknüpfung mit der jährlichen Ressourcenallokation und Budgetierung.

Der traditionell hierarchische Prozess zur Strategieformulierung und -implementierung ist nach Kaplan und Norton durch einen mangelhaften Feedback-Prozess gekennzeichnet. Die Rückkopplung erfolgt nur auf der operativen Ebene als „Single-loop-Lernen". Mithilfe der Balanced Scorecard soll dagegen die Rückkopplung auf die Strategie bezogen werden und einen durch „Double-loop-Lernen" charakterisierten strategischen Lernprozess fördern.

Die Balanced Scorecard soll nach Kaplan und Norton also den strategischen Führungsprozess im Unternehmen unterstützen bzw. als Handlungsrahmen für diesen Prozess dienen. Ihr Erfolg in der Unternehmenspraxis zeigt sowohl den hohen Bedarf einer Ergänzung monetärer Steuerungsgrößen als auch die erkannte Dringlichkeit, Strategien besser mit dem operativen Geschäft zu verzahnen. Für ersteren Aspekt bilden die vorgeschlagenen vier Perspektiven der Balanced Scorecard

einen tragfähigen Ansatz, da sie letztlich die gesamte Wertschöpfungskette abbilden. Für den Aspekt der Strategiedurchsetzung konkurriert
die Balanced Scorecard mit anderen Konzepten (z. B. Durchsetzung eines Strategic Intent, Konzentration auf eine Kernfähigkeit oder Hoshin-
Planung).

BDU

Abkürzung für *Bundesverband Deutscher Unternehmensberater e.V.*, Wirt-
schafts- und Berufsverband der Management- und Personalberater in
Deutschland; 1954 gegründet; Sitz in Bonn und Berlin.

1. *Aufgaben:* Der BDU verfolgt den Zweck, die wirtschaftlichen und
rechtlichen Rahmenbedingungen der Branche zu sichern, die Inanspruchnahme externer Beratung zu fördern, Qualitätsmaßstäbe durch
Berufsgrundsätze durchzusetzen und so letztlich den Leistungsstandard
der Consulting-Branche zu erhöhen. Daneben organisiert er unter anderem Fachverbände, Arbeitskreise, Beratertage, Konferenzen und bietet
Dienstleistungen wie Seminare und Workshops, die teilweise auch von
Nichtmitgliedern in Anspruch genommen werden können.

2. *Geschichte:* Der BDU wurde 1954 als „Bund Deutscher Unternehmensberater" ins Vereinsregister eingetragen. Bis Ende der 1960er-Jahre ent-
standen in Deutschland noch etwa zehn weitere Beraterverbände, die
sich aber später dem BDU anschlossen oder ihre Tätigkeit einstellten.
1974 wurde auf die „persönliche Mitgliedschaft" verzichtet, sodass neben
qualifizierten Beratern auch Beratungsunternehmen Mitglied im BDU
werden können. Um den Verband nach Jahren des Wachstums wieder
stärker auf die Unternehmensberaterbranche auszurichten, wurde 1995
der Verband für die Softwareindustrie BVIT e.V. ausgegliedert, inzwischen
Teil des Bundesverbands Informationswirtschaft, Telekommunikation und
neue Medien e.V. (BITKOM).

Benchmarking

Instrument der Wettbewerbsanalyse. Benchmarking ist der kontinuierliche Vergleich von Produkten, Dienstleistungen sowie Prozessen und Methoden mit (mehreren) Unternehmen, um die Leistungslücke zum soge-

nannten Klassenbesten (Unternehmen, die Prozesse, Methoden etc. hervorragend beherrschen) systematisch zu schließen. Grundidee ist es, festzustellen, welche Unterschiede bestehen, warum diese Unterschiede bestehen und welche Verbesserungsmöglichkeiten es gibt.

Schritte:

(1) Auswahl des Objektes (Produkt, Methode, Prozess), das analysiert und verglichen werden soll.

(2) Auswahl des Vergleichsunternehmens. Dabei ist wichtig, festzulegen, welche Ähnlichkeiten zur Gewährungsleistung der Vergleichbarkeit gegeben sein müssen.

(3) Datengewinnung (Analyse von Sekundärinformationen; Gewinnung von Primärinformationen, z. B. im Rahmen von Betriebsbesichtigungen).

(4) Feststellung der Leistungslücken und ihrer Ursachen.

(5) Festlegung und Durchführung der Verbesserungsschritte.

Beratende Ingenieure

Externe Berater mit technischem und/oder wissenschaftlichem Schwerpunkt. Beratende Ingenieure verfügen über Expertenwissen, das aufgrund seiner Komplexität oder Spezialisierung in den meisten Unternehmen nicht vorgehalten werden kann und deswegen extern zugekauft wird. Als typische Beispiele für beratende Ingenieure sind Spezialisten für bestimmte Fertigungsverfahren oder Umweltschutzbestimmungen zu nennen.

Beraterausbildung

Die Ausbildung zum Unternehmensberater findet meist „on-the-Job" statt. Größere Beratungsunternehmen bieten zusätzlich eigene Ausbildungsveranstaltungen an. Seminare zu Aspekten der Unternehmensberatung werden darüber hinaus von eigenständigen Trainingsinstituten durchgeführt. Eine Zertifizierungsmöglichkeit besteht als Certified Management Consultant (CMC).

Beratereinsatz

1. *Begriff:* Auf einem bewussten Auswahlprozess beruhende Heranziehung eines Beraters bzw. eines Teams von Beratern zur Lösung einer Aufgabenstellung.

2. *Auswahl:* Die Auswahl wird durch eine Reihe von Faktoren beeinflusst. Umfasst die Aufgabenstellung z. B. rechtliche Auflagen, so sind die Kenntnisse von Wirtschaftsprüfern und Auditoren gefragt. Zur Rekrutierung von Mitarbeitern werden Personalberater herangezogen, zur Steueroptimierung Steuerberater, zur Unterstützung in Rechtsfragen Anwaltskanzleien, für technische Aufgaben Ingenieurbüros, für Fragen der Unternehmensgestaltung und -optimierung Unternehmensberater oder Investmentbanker.

3. *Erfolgsfaktoren:*

a) *Kriterien der Beraterauswahl:* Bei der Beraterauswahl sollte nicht nur auf die fachliche Kompetenz (Beraterausbildung), sondern auch auf das Auftreten, die soziale Kompetenz und die Bereitschaft zum Know-how-Transfer großen Wert gelegt werden. Bei Inkompatibilitäten kann bereits eine passive Resistenz der Beteiligten zur Beeinträchtigung der Beratungsergebnisse führen.

b) *Kooperation und Aufgabenverteilung:* Unternehmen, die sich für eine externe Beratung entscheiden, sollten eine klare Vorstellung von Art und Umfang der Beratungsaufgabe und von der Rolle des Beraters haben. Für den Erfolg der Beratung ist es darüber hinaus ausschlaggebend, dass realistische Erwartungshaltungen die Zusammenarbeit von Beratern und Mitarbeitern fördern, die Aufgabenverteilung klar festgelegt wird und die vereinbarten Zulieferungen in Personentagen und Daten auch tatsächlich erfolgen. Frühere einseitige Berateraktivitäten sind heute generell einem integrativen Arbeitsansatz gewichen, in dem Mitarbeiter und Berater gemeinsam Lösungsverfahren entwerfen und gegebenenfalls implementieren. Die Mitarbeit von Angestellten des Unternehmens ist allerdings von der spezifischen Aufgabe der Beratung abhängig. Strategische Fragen, Änderungen des Geschäftsportfolios durch Expansion oder Schließung von Geschäftsbereichen und Kommunikationsauftritte sind in der Regel dem Eigner, den Vorständen und/

oder dessen Stabsmitgliedern vorbehalten, die Einführung von Systemen und die damit verbundene Neugestaltung von Prozessen und Schnittstellen (Prozessberatung) bedürfen hingegen der Mitarbeit größerer Kundengruppen.

c) *Kontinuität:* Ein allzu häufiger Beratereinsatz (oder -wechsel) kann bei den Mitarbeitern eine Abwehrhaltung erzeugen, wenn diese mehrfach ähnliche Informationen zusammenstellen müssen oder keine nachhaltigen Verbesserungen erkennen können. Dies gilt insbesondere bei Restrukturierungsprojekten, in denen ein Personalabbau absehbar und als unvermeidlich erkannt wird. Um die Zusammenarbeit mit Beratungsfirmen auf eine beständigere Basis zu stellen und um die Kostentransparenz zu erhöhen, schließen größere Unternehmen häufig ab einem bestimmten Einkaufsvolumen Rahmenverträge mit ausgewählten Beratungshäusern ab, durch die Beratungsschwerpunkte und Tagessätze festgelegt werden. Davon ausgehend werden die Fachabteilungen zur Offenlegung ihres Beraterbedarfs und -budgets veranlasst, und Beratungsaufträge werden von der Zustimmung der zentralen Einkaufsstelle abhängig gemacht.

Beraterkarriere

Beruflicher Werdegang eines Beraters, idealtypisch gekennzeichnet durch fünf Beraterstufen. Die Erreichung einer Beraterstufe ist abhängig von Zielerfüllung, Projektbewährung, positivem Kundenfeedback, vorgeschriebenen Ausbildungslehrgängen zur Wissensvermittlung (Beraterausbildung) und einer Mindestverweildauer in der jeweiligen Stufe.

Die Ernennung zum Partner, d. h. zum Berater auf der obersten Stufe, bedarf einer langjährigen erfolgreichen Tätigkeit im Beratungsgeschäft, der Genehmigung der Geschäftsleitung aufgrund einer besonderen Prüfung und der Zustimmung der Partnergruppe. Experten können den Titel Prinzipal erwerben, der sie aufgrund ihres hohen Spezialistentums und der damit verbundenen Außenwirkung je nach Einzelfall von der Personalverantwortung entbindet (Chefberater).

Generell sind Managementberater intern einem intensiven Wettbewerb ausgesetzt, der einen hohen Einsatz und einen starken Leistungswillen erfordert. In der Regel führen häufige Reisen dazu, dass die freie Zeit für Partnerschaften oder Familie beschränkt wird. Eine Beratertätigkeit gilt als Sprungbrett für eine Karriere in der Industrie oder in anderen Dienstleistungszweigen, denn die Fähigkeiten, die ein Berater durch die internationale und interkulturelle Zusammenarbeit innerhalb der Beraterteams und mit Kunden erworben hat, werden auch von anderen potenziellen Arbeitgebern als Bereicherung empfunden. Dem verbreiteten Prinzip des „up or out", nach dem ein Berater in einem bestimmten Zeitraum eine nächste Karrierestufe zu erreichen hat oder ihm das Verlassen des Unternehmens nahegelegt wird, weicht zunehmend Karrieremodellen, die eine lebenslange Beraterlaufbahn ermöglichen.

Beraternutzen

1. *Begriff:* Vorteile, die der Auftraggeber aus der Erfüllung des Beratungsvertrags zieht und die gegebenenfalls auch auf die Gesamtwirtschaft übergreifen. Der Beraternutzen wird neuerdings auch unter dem Begriff Return on Consulting (RoC) diskutiert.

2. *Bandbreite:*

a) *Kundenbezogene Vorteile:* In der Regel gewinnt der Kunde durch den Beratereinsatz Zeit und/oder Erkenntnisse, wozu er mit der eigenen Infrastruktur nicht in der Lage wäre. Weiterhin resultiert Beraternutzen aus der Wissensübertragung während des Consulting-Projekts (beispielsweise über die angewandte Methodik), dem Erfahrungszuwachs und einer im Allgemeinen umfänglichen Betrachtung von für die Beratung bedeutsamen Ursache-Wirkungs-Verhältnissen.

Beratungsbegriffe und -konzepte wie beispielsweise Wertschöpfungskette (Wertschöpfungsanalyse) oder Business Process Reengineering (BPR, Prozessberatung) führen zu einer neuen betriebswirtschaftlichen Transparenz und Organisationsbetrachtung.

b) *Gesamtwirtschaftliche Effekte:* Der volkswirtschaftliche Nutzen von Beratung liegt in der Erhöhung der Übertragung von Best-Practice-Beispielen.

Beratung

Abgabe und Erörterung von Handlungsempfehlungen durch Sachverstän-
dige, wobei von den Zielsetzungen des zu Beratenden und von relevanten
Theorien unter Einbeziehung der individuellen Entscheidungssituation
des Auftraggebers auszugehen ist. Beratung gehört auch zum Aufgabengebiet des Wirtschaftsprüfers (WP); ein direkter Zusammenhang mit
Prüfung besteht nicht. In der Praxis sind Beratungs- und Prüfungstätigkeit
gelegentlich miteinander verbunden. Dies kann dazu führen, dass der
Wirtschaftsprüfer aufgrund der Beratungstätigkeit seine Unbefangenheit
bei der Prüfungstätigkeit verliert.

Beratungsförderung

Form der Wirtschaftsförderung, durch die bestimmten Unternehmens-
gruppen (z. B. kleinen und mittleren Unternehmen, Existenzgründern)
oder für bestimmte Investitionsvorhaben Unternehmensberatungsleis-
tungen zur Verfügung gestellt werden.

Die Leistungen können von Wirtschaftsfördergesellschaften, Organisationen wie z. B. dem Rationalisierungskuratorium der deutschen Wirtschaft
e.V. (RKW) oder auch von privaten Unternehmensberatern erbracht werden. Sofern die Beratung für das Unternehmen nicht unentgeltlich ist,
werden die Beratungskosten aus öffentlichen Mitteln (teilweise) erstat-
tet.

Beratungsprodukt

Standardisierte Abfolge von Beratungsschritten zur Lösung eines spezifischen Problems oder zur Schaffung eines Beraternutzens. Ein Beratungsprodukt kann ein unternehmensspezifisches Produkt sein, das durch einen innovativen Ansatz eine Wettbewerbsdifferenzierung bewirkt, oder
ein allgemein eingeführtes Consulting-Produkt wie z. B. die Gemeinkos-
ten-Wertanalyse oder die Due Diligence. Es umfasst in der Regel sogenannte Tools (Werkzeuge), die zur Erarbeitung der Lösung des Kunden-
problems herangezogen werden, wie beispielsweise die Bestimmung der
kritischen Erfolgsfaktoren, die Berechnung eines Barwertes oder die Gestaltung eines Workshops.

Beratungsprodukte erleichtern als immaterielle Vermögensgüter den Wissenstransfer innerhalb eines Beratungsunternehmens und dienen der Differenzierung des Unternehmens im Markt.

Best Practice

Im betrieblichen Bereich stellen Benchmarks Orientierungs- oder Zielgrößen dar, die eine objektive Bewertung der eigenen Leistung im Vergleich zu anderen Unternehmen ermöglichen. Im Rahmen des Benchmarking werden jedoch nicht nur Kennzahlen miteinander verglichen und Leistungslücken quantifiziert, sondern die zugrunde liegende Vorgehensweise zur Erreichung der Benchmarks ergründet. Dabei sollen herausragende, exzellente Praktiken entdeckt und im eigenen Unternehmen umgesetzt werden, um dadurch nachhaltige Verbesserungen oder sogar Wettbewerbsvorteile zu erlangen.

Im Kern beinhaltet Benchmarking damit das Streben, zum „Besten der Besten" zu werden (japanisch: Dantotsu). Best-Practice Benchmarking bedeutet die Orientierung am „Klassenbesten". Hierbei wird bewusst nach Unternehmen außerhalb der eigenen Branche gesucht, die bestimmte Prozesse oder Funktionen hervorragend beherrschen. Dem liegt die Erfahrung zugrunde, dass an sich ähnliche Prozesse in verschiedenen Branchen unterschiedlich effizient sind, da die wettbewerbsrelevanten Faktoren variieren.

Betriebsvergleich

I. Begriff/Aufgabe

Unter Betriebsvergleich versteht man das systematische, nach bestimmten Methoden durchgeführte Vergleichen betrieblicher Größen zur Beurteilung wirtschaftlicher Tatbestände. Der Betriebsvergleich ist ein Hilfsmittel zur Planung, Kontrolle und Steuerung des Betriebsgeschehens. Gegenstand des Betriebsvergleichs können sowohl unterschiedliche lokale Bereiche als auch einzelne betriebliche Funktionen, in Sonderfällen bestimmte Investitionen oder Branchen sein. Als aktueller Begriff für Betriebsvergleich findet sich zunehmend der des Benchmarking.

II. Arten

1. *Einbetrieblicher Vergleich (Selbstvergleich)*: Das Vergleichsmaterial stammt aus einem Vergleichsbereich (Betrieb, Werk, Unternehmen, Betriebsteil). Er kann durchgeführt werden als:

a) *Zeitvergleich*: Vergleich von Zahlen gleichen Charakters verschiedener Perioden oder Stichtage aus demselben Betrieb.

b) *Soll-Ist-Vergleich*: Verfeinerung des Zeitvergleichs; das zu vergleichende Zahlenmaterial besteht nicht nur aus Effektivgrößen verschiedener Perioden, sondern es werden geplante und geschätzte Ziffern, d. h. Sollziffern einerseits, und die effektiven Ziffern, d. h. die Istziffern andererseits, die sich beide auf dasselbe Objekt und denselben Zeitpunkt bzw. Zeitraum beziehen, verglichen.

2. *Zwischenbetrieblicher Vergleich*: Betriebliche Größen aus verschiedenen Bereichen (Betriebsabteilungen, Werke, Unternehmen) werden verglichen. Diese haben im Allgemeinen die gleichen funktionalen Aufgaben, unter bestimmten Voraussetzungen können jedoch auch Unternehmen verschiedener Branchen verglichen werden. Die zwischenbetrieblichen Vergleiche umfassen alle Zahlengrößen oder verbalen Äußerungen aus unterschiedlichen Bereichen der gleichen Ebene, gleich ob Größen eines bestehenden oder solche eines gedachten, konstruierten „Betriebes". Das Zahlenmaterial braucht sich nicht nur auf eine Rechnungsperiode oder einen Zeitpunkt zu beziehen, sondern es kann sich auch auf Zahlen einer Zeitfolge oder mehrerer Zeitpunkte erstrecken.

3. *Zwischenbetriebliche Vergleiche nach der Art des Ausgangsmaterials*:

a) Vergleiche aufgrund von Größen der laufenden Rechnung:

(1) Vergleich konkreter Betriebe (Zahlenmaterial aus zwei oder mehreren Betrieben, Werken, Arbeitsplätzen, Unternehmen etc.) gleicher Leistungserstellung oder unterschiedlicher Leistungserstellung, z. B. Unternehmen verwandter Branchen. Inhalte:

(a) Vergleiche finanzwirtschaftlicher Art z. B. Bilanzvergleiche, Liquiditätsvergleiche, Vergleiche der Finanzstruktur im Hinblick auf die finanzielle Stabilität (Vermögensstrukturvergleiche, Kapitalstrukturvergleiche, Vergleiche der Investition und deren Deckung);

(b) Vergleiche von Aufwands- und Ertragsgrößen bzw. Konten- und Erlösgrößen wie Kostenarten-, Kostenstellen-, Kostenträgervergleiche, Ertrags-, Umsatz- und Erfolgsvergleiche;

(c) Vergleiche sonstiger wichtiger Größen wie Produktivität, Rentabilität, Umschlagziffern, Belegschaft, Wachstum (Vergleiche der Substanz der Kapazität, der Selbstfinanzierung).

(2) Kennziffernvergleich: Vergleich von Zahlen eines konkreten Betriebes mit zweigwirtschaftlichen Kennziffern (z. B. Zahlen eines Betriebes A mit dem Durchschnitt aus den Zahlen der Betriebe A–Z, die der gleichen Branche angehören) oder Kennziffern einer Branche mit Kennziffern einer anderen Branche.

b) Vergleiche mithilfe von geschätzten bzw. vorkalkulierten Größen (besondere Struktur- und Verfahrensvergleiche, „Modellrechnungen"). Bei der Durchführung von Struktur- und Verfahrensvergleichen reichen Größen der Vergangenheit im Allgemeinen nicht aus. Es müssen zusätzlich geschätzte bzw. vorkalkulierte Größen eingesetzt werden. Bei einem solchen fiktiven Vergleich können Zahlen gedanklich konstruierter „Betriebe" untereinander mit geschätzten oder mit effektiven Zahlen konkreter Betriebe verglichen werden. Die Vergleichsobjekte können unterschiedlich sein. Im Mittelpunkt stehen: Vergleiche finanzwirtschaftlicher Art, Vergleiche zur Festlegung bzw. Änderung technischer und organisatorischer Maßnahmen, zur Festlegung bzw. Änderung des Produktionsprogramms, zur Feststellung der optimalen Betriebsgröße, zur Beurteilung des Standortes, Steuerbelastungsvergleiche, Investitionsvergleiche. Vergleichsrechnungen dieser Art, die nicht laufend, sondern nur ad hoc zur Fundierung wichtiger betriebspolitischer Entscheidungen durchgeführt werden, sind in vielen Fällen wichtiger als laufende Vergleichsrechnungen, die eine Vielzahl von Relationen bringen, ohne immer einen großen Aussagewert zu haben.

4. *Zwischenbetriebliche Vergleiche nach Qualität und Kontrollmöglichkeit des Vergleichsmaterials:*

a) *Interne Betriebsvergleiche* liegen vor, wenn die untersuchende Stelle Einfluss hat auf die Art der Erfassung und Zusammenstellung des Zahlenmaterials und wenn gleichzeitig auch eine Kontrolle des Zahlenmaterials ohne Einschränkung möglich ist. Typisch sind hier detaillierte Kostenstellen- und Kostenträgervergleiche.

b) Der *externe Betriebsvergleich* arbeitet entweder nur mit veröffentlichten, also jedermann zugänglichen Informationen (Bilanz, Gewinn- und Verlustrechnung, Anhang, Lagebericht, Wochenbericht, Quartalsausweise, sonstige Berichte in der Presse, Jubiläumsschriften) oder mit Informationen, die die untersuchende Stelle durch Fragebogen (Enqueten) und Rückfragen erhält, wobei die Zahlen in der Regel freiwillig gegeben werden, in jedem Fall aber der Vergleichsstelle die Kontrollmöglichkeit fehlt.

III. Materielle/formelle Voraussetzungen

Kosten und Erlöse, Kapitalstruktur und Vermögensaufbau eines Betriebes werden durch eine Vielzahl von Faktoren beeinflusst, die zum Teil ihre Wirkung im Zeitablauf ändern oder aber von Unternehmen zu Unternehmen mit unterschiedlichem Gewicht auftreten. Die Vergleichbarkeit wird durch diese Faktoren gestört. Ob sie bei betriebsvergleichenden Arbeiten als Störungsfaktoren zu eliminieren sind oder nicht, hängt vom jeweiligen Vergleichszweck ab. Würde überhaupt keine Eliminierung dieser Faktoren vorgenommen, wäre ein aussagefähiges Ergebnis bei den meisten Vergleichen nicht möglich; würde man alle Unterschiede ausschalten, wäre ein Vergleich nicht sinnvoll. Die Eliminierung der Störungsfaktoren erfolgt durch Gruppenbildung (nur Betriebe gleicher Merkmalsausprägung, z. B. gleicher Größe, werden verglichen) oder durch kalkulatorischen Ausgleich (z. B. kalkulatorische Löhne für mithelfende Angehörige). Die Möglichkeiten der Gruppenbildung sind meist durch die Anzahl der Vergleichsbetriebe eng begrenzt, der kalkulatorische Ausgleich ist mit Schätzungsproblemen verbunden (z. B. Umfang und Wert der Mithilfe von Angehörigen).

1. *Materielle Voraussetzungen*: Was im Einzelfall als Störungsfaktor anzusehen ist, hängt vom jeweiligen Zweck des Vergleichs ab. Die Vergleichbarkeit bei zwischenbetrieblichen Vergleichen kann besonders behindert werden durch folgende Faktoren: unterschiedlicher Beschäftigungsgrad, unterschiedliche Menge einheitlicher Leistungen (Spezialisierung), unterschiedliche Preise der Verbrauchs- und Absatzgüter, unterschiedliche Produktionstechnik, unterschiedliche Belegschaftsstruktur, unterschied-

liches Produktionsprogramm, unterschiedliche Produktionstiefe und Betriebsgröße, unterschiedlicher Standort und unterschiedliche Unternehmungsform und Finanzstruktur.

2. *Formelle Voraussetzungen*: Um eine sinnvolle Vergleichstätigkeit zu ermöglichen, müssen das Prinzip gleichartiger Erfassung des Ausgangsmaterials (einheitliche Benennung und Abgrenzung der wichtigsten Begriffe, Normalisierung der formellen Gestaltung des Werteflusses) und das Prinzip gleichartiger Bewertung soweit möglich befolgt sein. Besondere Schwierigkeiten ergeben sich bei Vergleichen von Betrieben aus verschiedenen Staaten wegen der fehlenden Einheitlichkeit der begrifflichen und inhaltlichen Abgrenzung von Vergleichsgrößen und der unterschiedlichen Bewertungsvorschriften. Störungen durch unrealistische Wechselkurse können durch den Vergleich von Verhältnisziffern ausgeräumt werden.

IV. Aussagewert/Bedeutung

1. Das Ergebnis des Betriebsvergleichs besteht in der *Vergleichsaussage*, und zwar in einer für den jeweiligen Vergleichszweck relevanten Aussage über die Vergleichsobjekte. Man darf die Vergleichsaussage weder leichtfertig verallgemeinern und Ergebnisse herauslesen wollen, die der Vergleich nicht bietet, noch darf man wegen des begrenzten Erkenntniswertes ihren Wert überhaupt leugnen.

2. Bei der Auswertung müssen die *speziellen Bedingungen des eigenen Betriebes* im Vergleich zu den anderen an der Erhebung beteiligten Betrieben berücksichtigt werden. Häufig wird es nicht ausreichen, eine Vergleichsziffer isoliert zu betrachten, es wird vielmehr erst durch gleichzeitigen Vergleich mehrerer Größen möglich sein, bei der Auswertung zu einem fundierten Urteil zu gelangen. Die Auswertung von Vergleichsergebnissen kann für verschiedene Stellen und Institutionen vorgenommen werden, für die Betriebsvergleiche eine Bedeutung haben.

3. *Zu unterscheiden* ist die Auswertungsmöglichkeit:

(1) *Für einen Betrieb*, der zu den Vergleichsbetrieben gehört, und zwar sowohl für die laufende Betriebsführung als auch für einmalige größere betriebspolitische Entscheidungen;

(2) *für Dritte*, die mit den Betrieben in engerer Verbindung stehen: Eigen-, Fremdkapitalgeber, Lieferanten, Wirtschaftsverbände etc.;

(3) *für Entscheidungen der staatlichen Wirtschafts-, Sozial-, Kapitalmarkt- und Finanzpolitik.*

V. Einfluss auf die Kostenrechnung

Das Streben nach Vergleichbarkeit mit anderen Betrieben hat auch Einfluss auf die traditionelle Vollkostenrechnung genommen. Der Ansatz von kalkulatorischem Unternehmerlohn und kalkulatorischen Mieten wird unter anderem damit begründet, die Kostenstruktur eines entsprechenden Eigentümer-Unternehmens mit der von Kapitalgesellschaften vergleichbar zu machen.

Business Development Services

Abkürzung *BDS*, nicht finanzielle Leistungen, die Unternehmen zur Verfügung gestellt werden. Dazu zählen Trainings und Consulting, aber auch Marketingunterstützung und IT-Lösungen. Sogenannte BDS-Provider bieten Produkte an, die der Entwicklung der Klein- und Mittelindustrie dienen sollen.

Das BDS-Konzept wird vor allem im Rahmen der Entwicklungsländerberatung angewendet.

Business Process Reengineering

Analyse der Ablauforganisation und der Aufbauorganisation eines Unternehmens im Hinblick auf seine Orientierung an Geschäftsprozessen. Dabei wird besonders das Gestaltungspotenzial der Informationstechnologie dazu genutzt, Geschäftsprozesse neu zu organisieren und massive organisatorische Änderungen vorzunehmen.

Ziel ist es, die Zahl der organisatorischen Schnittstellen zu minimieren. Der Geschäftsprozess (Kernprozess) wird zum zentralen Strukturierungskriterium der Organisation. Es reicht nicht aus, vorhandene Abteilungen zu reorganisieren und überkommene Abläufe zu optimieren; vielmehr ist eine völlige Neugestaltung der wesentlichen Unternehmensprozesse notwendig, d. h. jener Tätigkeiten, die zusammengenommen einen Wert für die Kunden schaffen. Ausgangspunkt des Business Process Reengineering ist daher eine konsequente Kundenorientierung.

Business Transformation

1. *Begriff:* Allgemein eine fundamentale Wende in der Beziehung eines Unternehmens zu Einzelpersonen und zu seinem wirtschaftlichen und gesellschaftlichen Umfeld. In einer Business Transformation werden alle Beziehungen des Unternehmens neu definiert. In den 1990er-Jahren wurde Business Transformation von der Beratungsfirma Gemini Consulting als ganzheitliches Beratungsprodukt entwickelt.

2. *Grundmodell:* Das unter Anlehnung an biologische Funktionsweisen von Gemini Consulting entwickelte Modell der Business Transformation weist die folgenden vier Hauptdimensionen auf – die sogenannten vier „R" der Transformation:

(1) Im *Reframing,* d. h. im Prozess der Einstellungsänderung, verändert das Unternehmen sein Selbstbild und seine Vorstellung von den eigenen Möglichkeiten.

(2) Im *Restructuring,* d. h. in der Phase der Restrukturierung, rüstet sich das Unternehmen, damit es ein wettbewerbsfähiges Leistungsniveau erreicht. Die entsprechenden Maßnahmen folgen der Notwendigkeit, schlank und fit zu sein.

(3) Das *Revitalizing* (die Revitalisierung) gilt als der bedeutendste Faktor. Er soll Wachstum bewirken. Hier unterscheidet sich die Business Transformation von einer bloßen Sanierung.

(4) Das *Renewing* (die Erneuerung) beschäftigt sich mit der menschlichen Seite der Transformation. Hier sollen die Mitarbeiter motiviert werden und neue Fertigkeiten erwerben, damit sich das Unternehmen insgesamt regenerieren kann. Das Renewing ist die schwierigste Dimension in der Business Transformation Eine gelungene Business Transformation ist das Ergebnis einer Umgestaltung der genetischen Architektur eines Unternehmens, die gleichzeitig und abgestimmt – wenn auch mit unterschiedlichen Geschwindigkeiten – in allen vier genannten Dimensionen durchgeführt wird. In jüngster Zeit wird das Konzept der Business Transformation auch im IT-Consulting angewendet.

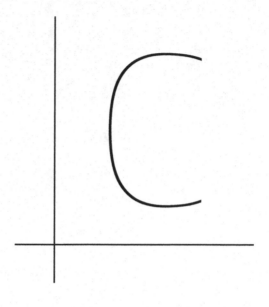

Certified Management Consultant

Abkürzung *CMC*, international gültiges, professionelles Gütesiegel für Unternehmensberater. Das Zertifizierungsverfahren für die Anerkennung als CMC wurde von dem International Council of Management Consulting Institute (ICMCI), der internationalen Vereinigung zur Qualitätssicherung der Unternehmensberatung, eingeführt. In Deutschland ist der Bundesverband Deutscher Unternehmensberater e.V. (BDU) als Mitglied des ICMCI berechtigt, das Zertifizierungsverfahren durchzuführen.

Change Management

Laufende Anpassung von Unternehmensstrategien und -strukturen an veränderte Rahmenbedingungen. Wandel repräsentiert heute in Unternehmen nicht mehr den Sondervorgang, sondern eine häufig auftretende Regelerscheinung. Alle Prozesse der globalen Veränderung, sei es durch Revolution oder durch geplante Evolution, fallen in das Aufgabengebiet des Change Managements.

Zu den harten, revolutionären Ansätzen zählen die Modelle der Corporate Transformation und Business Transformation, die innerhalb des Reengineering propagiert werden. Weiche, stärker evolutionär angelegte Ansätze stammen aus der Organisationsentwicklung. Sie war über Jahrzehnte das dominierende Paradigma des Change Managements. Charakteristisch für Organisationsentwicklung ist das Harmoniepostulat zwischen den Zielsetzungen des Unternehmens und der betroffenen Mitarbeiter.

Coaching

In der Personalentwicklung wird Coaching als ziel- und lösungsorientierte Beratung und Begleitung von Fach- und Führungskräften eingesetzt. Ziel ist es, insbesondere deren Beziehungs- und Führungsqualität weiterzuentwickeln und diese auf geänderte berufliche Rahmenbedingungen abzustimmen. Coaching dient in erster Linie dem Erreichen von selbstgewollten, realistischen Zielen, die für die Entwicklung des Klienten relevant sind; im Vordergrund stehen dabei die Förderung von Selbstreflexion und

Selbstwahrnehmung. An die Qualifikation eines Coaches sind spezifische Anforderungen zu stellen. Neben psychologischen und betriebswirtschaftlichen Kenntnissen, sind auch sogenannte Feldkompetenzen erforderlich, soweit diese nicht bereits durch praktische Erfahrungen erworben wurden.

Vorgesetzten-Coaching: Coaching-Variante, unter der ein entwicklungsorientiertes Führen von Mitarbeitern verstanden wird. Hierfür sind bestimmte Rahmenbedingungen maßgeblich: Unter anderem ist die Bereitschaft des Mitarbeiters erforderlich, entwicklungsorientiert geführt werden wollen und es ist unabdingbar, dass die Führungsperson sowohl die menschliche, als auch die methodische und fachliche Kompetenz für einen Coachingprozess nachweisen kann.

Consulting

I. Begriff und Bedeutung

1. *Begriff*: Consulting ist die individuelle Aufarbeitung betriebswirtschaftlicher Problemstellungen durch Interaktion zwischen externen, unabhängigen Personen oder Beratungsorganisationen und einem um Rat nachsuchenden Klienten.

Unternehmensberatung ist der Teilbereich des Consulting, der auf den speziellen Organisationstyp Unternehmung abgestellt ist. Obwohl die Unternehmensberatung immer noch den größten Anteil an betriebswirtschaftlicher Beratung umfasst, werden entsprechende Leistungen zunehmend auch von anderen Organisationstypen in Anspruch genommen.

Im weiteren Sinn zählen auch die innerhalb einer Organisation erbrachten Beratungsleistungen (Inhouse Consulting oder interne Beratung) ebenso zum Consulting wie die Beratung, die im Geschäftsverkehr als Nebenleistung oder Service erfolgt. Ferner wird der Consulting-Begriff auch bei technischen Fragestellungen verwendet, z. B. beim Engineering Consulting.

2. *Bedeutung*: In den westlichen Industrieländern ist das Consulting eine Dienstleistung, die sich seit einigen Jahrzehnten wachsender Akzeptanz

und steigender Inanspruchnahme gegenübersieht. Prognosen zu Folge ist die Sättigung des Beratungsmarktes trotz des jüngsten Nachfragerückgangs noch nicht absehbar. Allerdings wird sich die Beraterlandschaft weiter ausdifferenzieren, die Grenzen zu benachbarten Dienstleistungen wie z. B. Outsourcing werden fließend. Gleichzeitig hat der Trend zu Akquisitionen und Fusionen auch die Beraterbranche erfasst. Früher getrennte Beratungselemente wie die Organisations- und IT-Beratung wachsen weiter zusammen. Auch in den früheren Staatshandelsländern und den Entwicklungsländern besteht ein großer Beratungsbedarf, der sich jedoch aufgrund der wirtschaftlichen Schwierigkeiten und eines noch unterentwickelten Verständnisses für das Wertschöpfungspotenzial des Consulting nicht immer in monetärer Nachfrage äußert. Insgesamt wird für die Consulting-Branche ein besonders hoher Internationalisierungsgrad prognostiziert.

II. Beratungskonzeption

Bewusst oder unbewusst beruht jede Problemlösung auf einer Beratungskonzeption, einem umfassenden, gedanklichen Entwurf, der die Philosophie, das Leistungsangebot und die Beratungsstrategie des Beraters oder der Beratungsorganisation beinhaltet (vgl. Abbildung „Consulting - Bezugsrahmen").

Consulting – Bezugsrahmen

Beratungsorganisation		
Beratungskonzeption		
Beratungsphilosophie		
Beratungsleistung/Leistungsangebot	Beratungsstrategie	
(z. B. Marketing-, Organisations-, Technologieberatung)	Beratungsmethode (z. B. Portfolios)	Beratungsstil (Art der Zusammenarbeit)
Beraterrolle		
Aufgabenstellung		
Erwartungshaltung		
Klientorganisation		

Die Beratungskonzeption wird schließlich an die Aufgabenstellung und die Erwartungshaltung des Klienten angepasst.

Die *Beratungsphilosophie* umfasst die generellen Zielvorstellungen des Beraters sowie dessen Wert- und Verhaltensmuster. Ein typisches Element ist dabei häufig die Vermeidung von Abhängigkeitsverhältnissen zum Klienten zur Wahrung der Beraterneutralität.

Das *Leistungsspektrum* des Beraters kann nach den durch sein Angebot abgedeckten betriebswirtschaftlichen Funktionen sowie dem Spezialisierungsgrad der Leistungen hinsichtlich der Größe der Klientorganisation, der Branche und der Region gekennzeichnet werden. Große, international tätige Beratungsunternehmungen versuchen sich in der Regel als Multifunktionsspezialisten zu positionieren, während sich kleinere Beraterfirmen und Einzelberater meistens durch einen hohen Spezialisierungsgrad auszeichnen.

Die *Beratungsstrategie* ist eine Synthese aus Beratungsmethode und Beratungsstil.

Der *Beratungsstil* drückt sich im Wesentlichen in der Kommunikation im Berater-Klient-Dialog aus. Bei einem mechanistisch ausgerichteten Vorgehen entsprechend dem „Einkaufmodell" der Beratung ist die Kommunikation eher einseitig auf das Verkaufen weitgehend standardisierter Lösungen ausgerichtet. Dem „Arzt-Patienten-Modell" der Beratung folgend wird nach der bedarfsorientierten Diagnose des meistens überlegen auftretenden Beraters eine nach fachlich-funktionalen Gesichtspunkten zusammengestellte „Medizin" verschrieben, mit der der Klient dann alleine gelassen wird. Bei dem prozessorientierten Ansatz der Organisationsentwicklung erfolgt eine regelmäßige und partizipativ angelegte Interaktion zwischen Berater und Klient, der eine ganzheitliche Betrachtung der Organisation zugrunde liegt (E. Schein).

Das eingesetzte quantitativ bzw. qualitativ angelegte Instrumentarium kennzeichnet die *Beratungsmethode.* Viele Methoden, die inzwischen Allgemeingut der Betriebswirtschaftslehre sind, sind von Beratern entwickelt oder fortentwickelt worden (z. B. Portfolio-Analyse, Gemeinkostenwertanalyse).

Die in der Klientorganisation vorhandene Problemstellung und die Erwartungshaltung des Klienten dem Berater gegenüber, aber auch die Beratungsphilosophie des Consultants prägen die *Rolle des Beraters* während seines Einsatzes. Anhand verschiedener Ausprägungen des Einflussgrades bzw. der Beteiligungsintensität von Berater und Klient im Problemlösungsprozess lässt sich ein Kontinuum konstruieren, an dem die unterschiedlichen Beraterrollen verdeutlicht werden können (A. Wohlgemuth).

Als *Krisenmanager* bekommt der Berater von dem Klienten weit reichende Entscheidungsbefugnisse eingeräumt. Für die Zeit seines Einsatzes ist der Einfluss des Consultants dominierend.

Der *Interventionist,* der in Abstimmung mit dem Klienten in das Organisationsgeschehen eingreift, ist eine Beraterrolle, bei der mehr oder weniger eine Gleichverteilung des Einflussgrades zwischen beiden Gruppen vorliegt.

Der *neutrale Dritte* stellt auf dem Kontinuum der Beraterrollen den Gegenpol zum Krisenmanager dar. Der Berater versucht im Sinn einer Hilfe zur Selbsthilfe durch die Gestaltung des Problemlösungsprozesses einzugreifen. Sein Einfluss auf Entscheidungen ist jedoch gering.

In vielen Beratungsfällen wird ein auf die jeweilige Beratungssituation abgestimmter Mix verschiedener Leistungsangebote, Strategieelemente und Beraterrollen notwendig sein. Eine reine Fachberatung wird ebenso wie ein ausschließlich auf die Gestaltung des Veränderungsprozesses bezogenes Consulting eher die Ausnahme sein. Die Verknüpfung dieser beiden Beratungsformen im Sinn einer *integrativen Beratung* bietet sich bei vielen Einsätzen an.

III. Beratungsprozess

Unabhängig von der jeweiligen konkreten Ausgestaltung wird bei jedem Beratungsauftrag ein Prozess durchlaufen. In der Abbildung „Consulting – Phasenmodell des Beratungsprozesses" ist dieser Prozess modellhaft abgebildet.

Der dargestellte idealtypische Ablauf ist nicht zwangsläufig, sondern in der Praxis durch Veränderungen in der Reihenfolge und Überlagerungen einzelner Phasen sowie durch Feedback-Wirkungen gekennzeichnet.

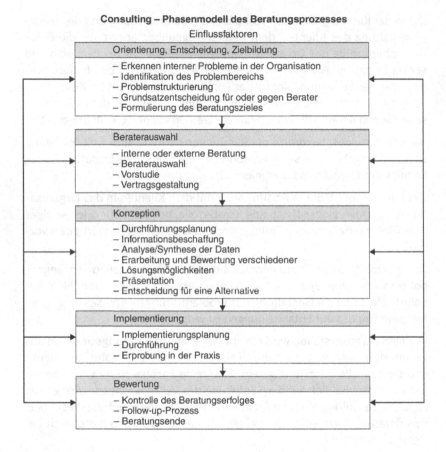

Consulting – Phasenmodell des Beratungsprozesses
Einflussfaktoren

Orientierung, Entscheidung, Zielbildung

– Erkennen interner Probleme in der Organisation
– Identifikation des Problembereichs
– Problemstrukturierung
– Grundsatzentscheidung für oder gegen Berater
– Formulierung des Beratungszieles

Beraterauswahl

– interne oder externe Beratung
– Beraterauswahl
– Vorstudie
– Vertragsgestaltung

Konzeption

– Durchführungsplanung
– Informationsbeschaffung
– Analyse/Synthese der Daten
– Erarbeitung und Bewertung verschiedener
  Lösungsmöglichkeiten
– Präsentation
– Entscheidung für eine Alternative

Implementierung

– Implementierungsplanung
– Durchführung
– Erprobung in der Praxis

Bewertung

– Kontrolle des Beratungserfolges
– Follow-up-Prozess
– Beratungsende

IV. Beratungsorganisation

Die Organisation von Beratungsunternehmen zeichnet sich generell durch eine *flexible Struktur* und *flache Hierarchien* aus.

Die meisten Beratungsaufträge sind komplex, zeitlich begrenzt, risikobehaftet und/oder innovativ, haben also *Projektcharakter*. Hinsichtlich der Einbindung des Beraters in die Organisation des Klienten sind je nach Typ des Einsatzes alle Formen der Projektorganisation denkbar. Die Projektorganisation überlagert die Struktur des Beratungsunternehmens und regelt die Schnittstelle mit dem Klienten.

Die Organisation der Beratungsunternehmen ist *strategieabhängig*. Bei Beratungsunternehmen, die nach der One-Firm-Strategie vorgehen, erfolgt eine Ausdehnung der Geschäftstätigkeit ausschließlich über den eigenständigen Aufbau und Ausbau ihrer Gesellschaften. Viele große, international tätige Beratungsunternehmen verfolgen diese Strategie. Damit soll eine international einheitliche Organisationskultur erreicht werden, die Unternehmensgrundsätze sollen unbeeinflusst von anderen Gesellschaften bleiben.

Consulting Banking

1. *Begriff:* Junges, zu ihren originären Aufgaben komplementäres Geschäftsfeld der Banken, dessen Gegenstand die Beratung der Kapitalnehmer ist. Im Wesentlichen werden dazu die Auswirkungen der Unternehmensstrategie gewerblicher Kunden auf deren Liquiditäts-, Ertrags- und Vermögenslage simuliert, um die nachhaltige Kapitaldienstfähigkeit und die mit einer Kapitalvergabe verbundenen Risiken für die Bank bzw. für den Investor frühzeitig abschätzen zu können.

2. *Leistungsangebot:* In der Praxis werden die folgenden Leistungen angeboten: Bilanzstruktur-, Liquiditäts- und Ertragsanalysen in Verbindung mit einer Rating-Beratung (Rating), Stärken-/ Schwächen-Analysen und eine um die Leistungsbereiche des Kreditnehmers erweiterte Betrachtung des Finanzbereichs, Gründungsberatung, Unternehmensbewertung in Verbindung mit M&A-Beratung (Mergers & Acquisitions) und klassische Nachfolgeberatung.

3. *Ökonomischer und aufsichtsrechtlicher Hintergrund:* Die Schaffung des Consulting Banking geht auf vermehrte Aufgaben der Bankkunden im Risikomanagement zurück, zu deren Erfüllung die Banken aktive Unterstützung anbieten, nicht zuletzt um sich gegen die eigenen, mit der Kundenbeziehung verbunden Risiken abzusichern. Die europäische Finanz- und Kreditwirtschaft musste ab dem Jahr 2000 immense Mittel zur Deckung von Wertberichtigungen in der Unternehmens- und Gewerbefinanzierung aufbringen. Da es auch im kostenintensiven In-

vestmentbanking nach den Einbrüchen an den Aktienmärkten zur Jahrtausendwende zu dramatischen Ertragseinbußen kam, mussten die europäischen Banken und Sparkassen Maßnahmen in Angriff nehmen, um ihre Ertragsprobleme zu lösen und ihr Risikomanagement zu verbessern. Sie müssen Geschäfte, die keine ausreichenden Erträge bringen, möglichst schnell aufgeben, die Übernahme von Risiken durch mehr Informationen und bessere Kontrollsysteme steuern sowie angemessene Preise fordern (Risk-adjusted Pricing). Da die traditionellen Gewerbekredite an die mittelständische Kundschaft in Deutschland durchschnittlich nur zu rund 30 Prozent besichert sind – also einen Blankoanteil von 70 Prozent aufweisen – müssen sich viele Kreditnehmer auf gründliche Prüfungen ihrer Ertrags- und Finanzlage einlassen. Die von der Bankenaufsicht definierten Mindestanforderungen an das Kreditgeschäft (MaK) fordern von allen Kreditinstituten im Wesentlichen drei Punkte:

(1) eine Neuausrichtung der Geschäftspraxis und der Arbeitsabläufe auch im Gewerbefinanzierungsgeschäft, d. h. die Entwicklung einer nachhaltigen Risikostrategie, die Überprüfung der Aufbauorganisation und der Ablauforganisation, die Professionalisierung des Managements der Kundeninformationen und der hereingenommenen Sicherheiten bzw. der internen Risikokontrolle, eine gesonderte Intensivbetreuung von Unternehmen in der Krise oder in der akuten Sanierungs- oder Abwicklungsphase sowie ein System zur präzisen Messung und Steuerung latenter und akuter Risiken;

(2) die konsequente Trennung der Kundenbetreuung, der Sachbearbeitung einschließlich Rating und der Risikosteuerung und -überwachung;

(3) die laufende Überprüfung und Anpassung der Qualifikationen und der Kompetenzen der Mitarbeiter.

In der Praxis bedeutet dies, dass bei gewerblichen Finanzierungen die folgenden Qualitätselemente verlangt und von den Bank- und Wirtschaftsprüfern geprüft werden:

(1) fest vorgegebene Standards für eine zeitnahe Informationsbeschaffung vom Kunden,

(2) eine unabhängige Finanzierungskontrolle innerhalb der Bank (Vier-Augen-Prinzip),

(3) interne sogenannte Stress-Szenario-Analysen (Szenarioanalyse) zur Erkundung möglicher Problemverläufe von Finanzierungen bzw. im Geschäft der Kreditnehmer,

(4) interne Verfahren zur Aufklärung gegenteiliger Auffassungen bei der Beurteilung und Überwachung der Firmenkunden und ihrer Kapitaldienstfähigkeit,

(5) klar definierte Standards bei der Umschuldung von Unternehmen und

(6) Verlagerung der Betreuung problematischer Firmenkunden in Spezialistenteams.

Consulting Engineers

Beratende Ingenieursfirmen, besonders im Anlagengeschäft bzw. Systemgeschäft von wichtiger Funktion. Consulting Engineers entstehen aus Ingenieurfirmen, verselbständigten Ingenieurabteilungen von Betreiber- und Anlagenanbieterunternehmungen und Vertriebsunternehmungen (Handelsunternehmungen, Produktionsverbindungshandel) des Investitionsgütersektors; letztere erlangen durch das Lösen von Verkettungs- und Schnittstellenproblemen ergänzend zum vorhandenen Abwicklungs-Know-how erhebliches technisches Know-how.

Funktionen:

(1) *Auf Nachfragerseite*: Planungs- und Projektierungsleistungen, Steuerung von Beschaffungsaktivitäten (Ausschreibungen, Lieferantenauswahl) und/oder Überwachung der gesamten Projektabwicklung; in der Regel sehr großer Einfluss der Consulting Engineers auf den Kaufprozess.

(2) *Auf Anbieterseite*: Anbieter von Anlagen, im Wesentlichen ohne eigene Lieferinteressen für Hardware; ihre Leistungsschwerpunkte liegen in der Projektierung, Abwicklung und im Bereich der Verfahrenstechnologie.

(3) *Zwischen beiden Marktseiten als Mittler*.

Consulting Governance

Consulting Governance bezeichnet die Gesamtheit der Grundsätze für das Handeln des Beraters im Sinne eines Verhaltenskodex. Der Begriff wird häufig im normativen Sinne verwendet, wobei grundlegend auf ein effizientes und zielorientiertes Vorgehen der Berater geachtet wird. Vorschläge umfassen unter anderem die Gestaltung der Zusammenarbeit mit Kunden, die Bearbeitung von Beratungsmandaten, den Umgang mit Wettbewerbern oder Wettbewerbern des Beratungskunden. Bei der Festlegung und Kontrolle der Grundsätze spielen Berufsverbände wie der Bundesverband Deutscher Unternehmensberater e.V. (BDU) eine wesentliche Rolle. Daneben legen größere Beratungsunternehmen zum Teil auch eigene Verhaltensregeln fest, die mithilfe interner Trainingsprogramme an die Mitarbeiter vermittelt werden und integraler Bestandteil des Consulting-Angebotes für die Kunden sind.

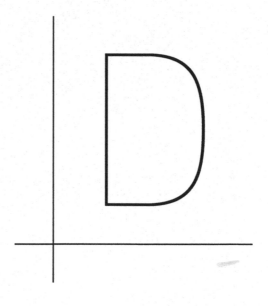

E-Consulting

Electronic Consulting; Abwicklung von Beratungsleistungen mithilfe von elektronischen Kommunikationsmedien anstelle einer persönlichen Beratung vor Ort. E-Consulting kann in Form einer individuellen Onlineberatung realisiert werden, bei dem ein Kunde seine Fragen und Anliegen elektronisch an einen Berater weiterleitet, der nach kurzer Zeit antwortet und damit eine klassische Beratungsleistung für einen bestimmten Kunden erbringt. Der Begriff wird darüber hinaus auch auf die Nutzung von elektronischen Trainingsprogrammen zu grundlegenden Beratungsthemen bezogen, die den Kunden von Beratungsunternehmen zur Verfügung gestellt bzw. verkauft werden. In der Regel wird eine ergänzende Onlineberatung angeboten, sodass sich diese Beratungsform von reinen Trainings- und Fortbildungsprogrammen in elektronischer Form klar unterscheidet.

Engineering Consulting

1. Begriff: Beratung in Bezug auf technische Fragestellungen und Aspekte, Teilgebiet des Consultings.

2. Inhalte: Engineering Consulting kann sowohl Fragen des Product Engineerings als auch des Process Engineerings umfassen. Dabei bedient man sich externer Hilfe zur Abdeckung spezifischen Know-hows oder spezieller Expertise, die im eigenen Unternehmen aus Gründen der technischen Komplexität nicht vorhanden ist, aus finanziellen Gründen nicht ständig vorgehalten werden kann oder aus Kapazitätsgründen die internen technischen Ressourcen unterstützen soll.

3. Anwendungsmöglichkeiten: Konkrete Anlässe für den Einsatz des Engineering Consultings können notwendige Kostensenkungen des Produkts oder seiner Produktion sein, aber auch die Entwicklung neuer Produkte oder neuer Produktionsverfahren, notwendige Verbesserungen bei Fertigungsdurchlaufzeiten oder anderen Leistungsparametern rund um das Produkt oder seine Produktion.

Entwicklungsländerberatung

Development Consulting; Beratungsdienstleistungen, die im Rahmen der internationalen Entwicklungszusammenarbeit erbracht werden. Dabei kann grundlegend zwischen Technischer Zusammenarbeit (TZ) und Finanzieller Zusammenarbeit (FZ) unterschieden werden. Kennzeichnend für die Entwicklungsländerberatung ist das Dreiecksverhältnis von Berater, Auftraggeber bzw. Finanzier (in der Regel eine Geberorganisation) und Empfänger der Beratungsleistung im Partnerland. Entwicklungsländerberatung wird auf allen Ebenen erbracht: der Makroebene (Politikberatung), der Mesoebene (Institutionenentwicklung, Capacity Building) und der Mikroebene. Beratungsunternehmen sind in großem Umfang an Entwicklungsprojekten beteiligt, bereiten diese vor und/oder führen sie durch. Bedeutende Geberorganisationen der bilateralen Entwicklungszusammenarbeit im deutschsprachigen Raum sind: KfW-Bankengruppe, Deutsche Gesellschaft für Internationale Zusammenarbeit (GIZ) GmbH, Direktion für Entwicklung und Zusammenarbeit (DEZA). Zu den zahlreichen multilateralen Geberorganisationen gehören: UNDP, Weltbank, European Bank of Reconstruction and Development (EBRD) sowie regionale Entwicklungsbanken, z. B. die Asian Development Bank (ADB). Auch viele Nichtregierungsorganisationen (NRO) sind auf diesem Gebiet tätig.

Erfahrungskurve

1. *Charakterisierung*: Grundgedanke der Erfahrungskurve ist das bekannte Phänomen, dass die Produktivität mit dem Grad der Arbeitsteilung steigt. Diese Erkenntnis findet Eingang in den Lernkurveneffekt, der besagt, dass mit zunehmender Ausbringung die Arbeitskosten sinken. Die Aussage der Lernkurve wird auf die Verdopplung der kumulierten Produktionsmenge x bezogen, die ein Sinken der direkten Fertigungskosten y (bzw. Lohnkosten/Mengeneinheit) um einen konstanten Prozentsatz bewirkt.

2. *Aussage*: Bei der Erfahrungskurve wird die Aussage der Lernkurve auf die Stückkosten erweitert: Die realen Stückkosten eines Produktes gehen jedes Mal um einen relativ konstanten Anteil (20–30 Prozent) zurück, sobald sich die in Produktmengen ausgedrückte Produkterfahrung verdop-

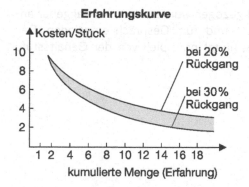

pelt (vgl. Abbildung „Erfahrungskurve"). Die Stückkosten umfassen die Kosten der Produktionsfaktoren, die an der betrieblichen Wertschöpfung beteiligt sind (Fertigungskosten, Verwaltungskosten, Kapitalkosten etc.). Die Aussage der Erfahrungskurve gilt sowohl für den Industriezweig als Ganzes als auch für den einzelnen Anbieter; inzwischen wurden auch Erfahrungskurveneffekte in nichtindustriellen Branchen (z. B. Lebensversicherungen) nachgewiesen.

3. *Prämisse*: Alle Kostensenkungsmöglichkeiten (Lerneffekt, Betriebs- und Losgrößendegressionseffekte, Produkt- und Verfahrensinnovation etc.) werden genutzt. Die Problematik dieser Prämisse, die Erfahrungskurve trotz ihres quantitativen Ansatzes eher als ein qualitatives, grundlegendes Denkschema und Verhaltensmodell zu sehen, liegt nahe; sie trifft im Allgemeinen lediglich Tendenzaussagen zum Kostenverlauf.

Executive Search

Von Unternehmen veranlasste Personalsuche mit dem Ziel, eine gehobene Leitungsposition zu besetzen; Teilbereich der Human Resource Beratung. Der Auftrag umfasst im Idealfall eine klare Beschreibung des Wunschkandidaten ebenso wie der zu besetzenden Stelle (Branche, Aufgaben, organisatorisches Umfeld, Entscheidungsspielräume, kulturelles Profil, finanzielle Ausstattung). Die Personalberatung ermittelt anhand ihrer Datenbasis geeignete Kandidaten, die mittels direkter Ansprache beworben werden. Anschließend werden diejenigen Kandidaten, die in die engere Auswahl gezogen wurden, dem Auftraggeber anhand eines Exposés vorgestellt und zum Gespräch eingeladen. Das Honorar der Personalberatung hängt prinzipiell von der Gehaltsstufe des Kandidaten ab.

© Springer Fachmedien Wiesbaden GmbH, ein Teil von Springer Nature 2019
Springer Fachmedien Wiesbaden (Hrsg.), *77 Keywords Consulting*,
https://doi.org/10.1007/978-3-658-23654-0_5

FEACO

Abkürzung für *European Federation of Management Consultancies Associations*, europäische Dachorganisation der nationalen Managementberatungsverbände; 1960 gegründet; Sitz in Brüssel.

Aufgaben: Unterstützung, Förderung und Entwicklung der Managementberatung und ihre Repräsentation auf europäischer Ebene. Außerdem sollen die Interessen der Mitgliedsverbände unterstützt und ihre Zusammenarbeit gefördert werden. Zu den Dienstleistungen zählt unter anderem die Organisation von Arbeitsgruppen und Diskussionsforen.

Geschäftsprozess

Folge von Wertschöpfungsaktivitäten mit einem oder mehreren Inputs und einem Kundennutzen stiftenden Output. Geschäftsprozesse können auf verschiedenen Aggregationsebenen betrachtet werden, z. B. für die Gesamtunternehmung, einzelne Sparten- oder Funktionalbereiche. Der Geschäftsprozess ist zentraler Betrachtungsgegenstand des Business Process Reengineering.

Globale Strategie

Strategische Grundorientierung einer internationalen Unternehmung, welche den Weltmarkt als eine homogene Gesamtheit ansieht und dementsprechend nach Produkt- und Prozessstandardisierung strebt, um Wettbewerbsvorteile mittels Skaleneffekten zu erreichen. Kernelement einer globalen Strategie ist das Streben nach globaler Effizienz; Zentralisierung ist das bedeutsamste organisatorische Gestaltungsmerkmal.

Mögliche Vorteile einer globalen Strategie: Kostenreduktion durch Größenvorteile, Steigerung der Verhandlungsmacht gegenüber Anspruchsgruppen (Zulieferer, Gewerkschaften, etc.), verbesserte Qualität eines standardisierten Produktprogramms, erhöhte Kundenpräferenz durch weltweit einheitliche Verfügbarkeit.

Mögliche Nachteile einer globalen Strategie: Verlust lokaler Wettbewerbsfähigkeit durch mangelnde Anpassung an lokale Markt- bzw. Kundenanforderungen, Motivationsverluste lokaler Mitarbeiter durch Zentralisierung von Entscheidungskompetenzen, steigende Koordinationskosten durch Ausweitung von Berichtssystemen und erhöhten Personalbedarf, steigender Logistikaufwand und Handelsschranken.

Globalisierung

I. Allgemein

Form der Strategie einer grenzüberschreitend tätigen Unternehmung (globale Unternehmung), bei der Wettbewerbsvorteile weltweit mittels Ausnutzung von Standortvorteilen und Erzielung von Economies of Scale aufgebaut werden sollen. Besondere Bedeutung im Rahmen des globalen Wettbewerbs vor allem in globalen Branchen. Ein prominenter Vertreter der Globalisierung ist Theodore Levitt, der in dem 1983 erschienenen Aufsatz „The Globalization of Markets" das „Ende der multinationalen Konzerne", die eine differenzierte, länderspezifische Marktbearbeitung betreiben, prophezeite.

Theoretisches Fundament der Globalisierungs-These ist die Konvergenztheorie, wonach unterschiedliche Sozialisationen sich aufgrund technischer und wirtschaftlicher Entwicklung immer weiter annähern, womit auch kulturelle Differenzen allmählich obsolet werden. War die These der Globalisierung ursprünglich auf die internationale Produktpolitik (und internationale Programmpolitik) beschränkt, so vollzog sich nach und nach eine Ausweitung auf das gesamte internationale Marketing-Mix und schließlich die gesamte Unternehmenstätigkeit internationales Management). Kritiker der Globalisierungs-These bezweifeln die Konvergenztheorie und betonen hingegen die mangelnde Standardisierbarkeit der meisten Produkte und sonstigen Unternehmensaktivitäten aufgrund unterschiedlicher sozio-ökonomischer, natürlich-technischer, sozio-kultureller und politisch-rechtlicher Länderspezifika.

II. Umweltpolitik

Tendenz zur Intensivierung weltweiter Verflechtungen in ökonomischen, politischen, kulturellen und informationstechnischen Bereichen. Globalisierung ist verknüpft mit der Tatsache, dass auch lokale anthropogene Handlungen globale Auswirkungen haben können. Die Globalisierung erfordert interdisziplinäre Forschungsansätze zur Erfassung komplexer Systemzusammenhänge (Interdisziplinarität). Ein Instrument zur verbesserten internationalen Bekämpfung von Umweltproblemen ist Joint Implementation.

III. Ethik

Im Zuge der Globalisierung nehmen sowohl Kooperationsmöglichkeiten als auch Interessenkonflikte (Wettbewerb) zu. Für Unternehmen erwachsen hieraus neue Herausforderungen im Kontext von Corporate Social Responsibility, insbesondere in Bezug auf ihre Verantwortung für Lieferanten. Zunehmend setzt sich dabei die Ansicht durch, dass es im Verantwortungsbereich von Unternehmen liegt, auf die Sicherstellung von grundlegenden Arbeits-, Sozial- und Umweltstandards in ihren Lieferketten hinzuwirken. Zudem wirkt sich Globalisierung auch auf die ordnungspolitische Ebene auf und bedingt einen zunehmenden Bedarf an verlässlichen Regelsystemen. Bei letzteren stellt sich aus wirtschaftsethischer Sicht vor allem die Frage nach moralischen Grundwerten und -prinzipien, die diesen Regelsystemen zugrunde liegen. Nach verbreiteter Auffassung muss es als fraglich gelten, ob es gelingen kann, einen weltweit einheitlichen verbindlichen Wertekonsens zu erzielen, auch wenn nach Meinung vieler mindestens die Menschenrechte als universelle Grundwerte Anerkennung finden sollten.

Gründungsberatung

Beratung von Unternehmen, Unternehmern oder angehenden Unternehmern vor oder während der Gründungsphase. Die Gründungsberatung umfasst in der Regel die folgenden Themenfelder, die in dieser Phase erfolgskritisch sind: Geschäftsplanung, interne Organisation, Finanzierung, Beschaffung von Fremdkapital, Suche von Kooperationspartnern für Vertrieb, Entwicklung, Produktion oder andere Tätigkeiten, Prüfung und Beantragung von Fördermitteln. Aufgrund der oft angespannten finanziellen Situation in der Gründungsphase kann die Gründungsberatung als Consulting for Equity erfolgen, d. h., der Berater erhält sein Honorar ganz oder teilweise in Form von Geschäftsanteilen des von ihm beratenen Unternehmens und hat damit einen deutlichen Anreiz, den Kunden zum Erfolg zu führen (Beteiligungshonorar).

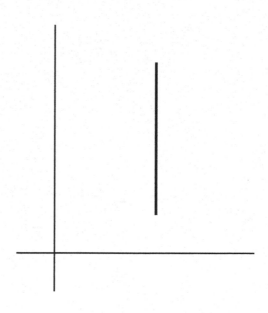

ICMCI

Abkürzung für *International Council of Management Consulting Institutes,* internationale Dachorganisation von Managementberatungsverbänden und -instituten; 1987 gegründet.

1. *Aufgaben:* Ziel des ICMCI ist es, die Zusammenarbeit zwischen den Consulting-Verbänden und -Instituten zu intensivieren, um gemeinsame Ziele schneller umzusetzen. Dazu zählen insbesondere die Entwicklung und Erhöhung der Berufsstandards, die Registrierung und Zertifizierung von Managementberatern sowie die weltweite Anerkennung des CMC-zertifizierten Beraters (Certified Management Consultant). Der „Code of Professional Conduct" (Verhaltenskodex) enthält unter anderem Begriffsdefinitionen, Aufnahmebedingungen und Grundlagen für die Zusammenarbeit zwischen den Mitgliedsorganisationen.

2. *Mitglieder:* Im ICMCI sind 45 Länderorganisationen (2009) vertreten, die über einen qualifizierten Zertifizierungsprozess für Managementberater verfügen. Um Mitglied werden zu können, müssen sich die Länderorganisationen als Standesvertretung der Managementberater im jeweiligen Land ausweisen, hinsichtlich Zertifizierung/Aufnahmebedingungen und Verhaltenskodex die ICMCI-Voraussetzungen erfüllen sowie über eine Leitung (Geschäftsführung, Vorstand) verfügen, die die Ziele des ICMCI bei ihren Mitgliedern umsetzen kann. Zu den Mitgliedern zählt der Bundesverband Deutscher Unternehmensberater e.V. (BDU).

Insourcing

Reintegration von Leistungsprozessen, die den Kernkompetenzen eines Unternehmens entsprechen und die eventuell zuvor durch Outsourcing aus dem Leistungsumfang des Unternehmens ausgegliedert wurden.

Intermittierende Beratung

Auch als Zebraeinsatz bezeichneter Beratungsansatz, bei dem der Einsatz der Berater abwechselnd vor Ort und dann für einen Zeitraum ferngesteuert von Sitz des Beraters aus durchgeführt wird. Eine intermittierende Beratung wird unter anderem dann durchgeführt, wenn eine große geografische Distanz zwischen dem Sitz des Beraters und der zu beratenden Organisation besteht, z. B. in der Entwicklungsländerberatung.

International Federation of Consulting Engineers

Abkürzung *FIDIC*, internationale Vereinigung der Ingenieurberater; Sitz in Genf. Das Akronym steht für die französische Version des Namens. Über Mitgliedschaften ist FIDIC mit 104 Ländern verbunden. Sie hat Kooperationsabkommen mit der European Federation of Engineering Consultancy Associoation (EFCA) und The Pan American Federation of Consultants (FEPAC).

Internationale Strategie

1. *Internationale Strategie im weiteren Sinne*: Die internationale Strategie beschreibt die strategische Orientierung eines Unternehmens hinsichtlich der Gestaltung der internationalen Aktivitäten. Abzugrenzen sind eine multinationale Strategie, globale Strategie, transnationale Strategie und internationale Strategie im engeren Sinne Im Rahmen einer multinationalen Strategie werden die einzelnen Ländermärkte bei höchstmöglicher Anpassung an lokale Gegebenheiten unabhängig voneinander bearbeitet. Den Auslandstochtergesellschaften wird idealtypisch völlige Autonomie gewährt. Die multinationale Strategie ist durch eine polyzentrische Orientierung geprägt. Demgegenüber steht eine globale Strategie, in deren Rahmen grenzüberschreitende Aktivitäten hochgradig zentralisiert und standardisiert werden. Auslandsmärkte werden als homogene Ganzheit angesehen, wobei nachhaltige Wettbewerbsvorteile durch Produkt- und Prozessvereinheitlichung erreicht werden sollen. Lokale Unterschiede werden vernachlässigt bzw. als nicht existent angesehen. Die Grundorientierung ist geozentrisch. Eine transnationale Strategie strebt nach der Verbindung von globalen, multinationalen und internationalen Strategiekomponenten. So soll bei höchstmöglicher Standardisierung eine ausreichende Berücksichtigung von lokalen Unterschieden erfolgen (transnationales Unternehmen).

2. *Internationale Strategie im engeren Sinne:* Entsprechend einer internationalen Strategie werden im Heimatland erfolgreiche Konzepte und Produkte auf Auslandsmärkte übertragen. Der Grad der Zentralisation ist als hoch einzustufen. Der Unterschied zu einer globalen Strategie ist darin zu sehen, dass lokale Unterschiede anerkannt werden, Märkte, welche eine hohe Andersartigkeit gegenüber dem Heimatmarkt aufweisen jedoch nicht bearbeitet werden (ethnozentrische Grundorientierung). Als Vorteil einer internationalen Strategie wird die hohe Innovationskraft gesehen.

Internationalisierungsberatung

1. *Begriff:* Individuelle Aufarbeitung länderübergreifender betriebswirtschaftlicher Problemstellungen zwischen einer Beratungsorganisation und einem Klienten zum Zweck der Entwicklung des internationalen Geschäfts. Teilgebiet des Consultings.

2. *Bedeutung:* Die Internationalisierungsberatung gehört zur klassischen Managementberatung. Sie gewinnt im Kontext der Globalisierung weiter an Bedeutung. Viele Unternehmen haben bereits umfangreiche Erfahrungen in der Außenwirtschaft gesammelt und einen ausreichenden Internationalisierungsgrad erreicht. Sie sind aber durch unterschiedliche Gründe – z. B. Sättigung des Heimmarktes, globaler Wettbewerb, verbesserte Kommunikation und Logistik – gezwungen, ihre Auslandsaktivitäten zu überdenken und zu intensivieren. Die Tendenz zur Internationalisierung verstärkt sich gegenwärtig. Die Beratungsleistung folgt dieser Entwicklung mit Beratungsprodukten innerhalb der Strategieberatung.

3. *Aufgabe:* Die Internationalisierungsberatung hat die Aufgabe, die Perspektiven, die sich für den Klienten durch die Erweiterung des Länderspektrums ergeben, zu analysieren und daraus abgeleitete Handlungsalternativen vorzustellen. Die Internationalisierung erfordert qualitative Informationen über Märkte, Produktsegmente, Absatzkanäle, Konsumentenverhalten, Kultur und Mentalität der Partner und Absatzmittler. Im Vergleich mit der rein nationalen Marktbearbeitung verlangt sie ein höheres Maß an Koordination der vielfältigen Aktivitäten und damit ein umfangreicheres Projektmanagement.

Zudem setzt sie eine sorgfältige Analyse und Kontrolle der mit dem Transfer von Kapital verbundenen Risiken voraus. Durch die Intensivierung des Auslandsgeschäfts steigt die Komplexität der Geschäftstätigkeit, gemessen an Umfang und Natur der Regulierung (Normen, Standards, steuerliche und rechtliche Regelungen, Anforderungen an den Markteintritt). Dies muss bei der Wahl der Organisationsform und der Kommunikationsstruktur berücksichtigt werden. Auch die Anforderungen an das Management steigen (z. B. Transformationsleistung, interkulturelle Kompetenz, Beherrschen der Landessprache) und sind in der Personal- und Weiterbildungsplanung zu berücksichtigen. Ein ganzheitlicher Beratungsansatz fordert letztlich auch die Hervorhebung des strategischen Werts von Desinvestitionen. Ausgehend von der Knappheit der Ressourcen, ist die Notwendigkeit der Konzentration auf ausgewählte Märkte meist ein wichtiger Impuls zur Aufgabe bestehender Geschäftsbereiche, die sich als unwirtschaftlich erweisen. Oftmals ist nur durch die Bündelung der Kräfte ein erfolgreicher Markteintritt in einem anderen Land möglich. Wesentliches Kriterium für professionelle Desinvestition ist nicht Verlustminderung, sondern Wertsteigerung. Erforderlich ist ein Länderportfoliomanagement, das, ausgehend von der gewählten Internationalisierungsstrategie, den Marktaustritt und damit gegebenenfalls den Verkauf von Unternehmensteilen mit deutlichem Wertgewinn durchführt, um auf diese Weise andere Aktivitäten zu stützen.

Internationalisierungsstrategie

Gestaltung der Unternehmensentwicklung über das Wachstum in verschiedene Auslandsmärkte. Bedeutender Bestandteil der Internationalisierungsstrategie ist deren Dynamik und Prozesscharakter. Es existieren verschiedene Vorstellungen über die konkrete Ausgestaltung einer Internationalisierungsstrategie. Während die Uppsala-Schule (J.J. Johanson und J.-E. Vahlne) davon ausgeht, dass dieses Wachstum als Anpassung an Umweltveränderungen und Reaktion auf einen Wissens- und Erfahrungszuwachs geschieht und nicht Ergebnis einer bewussten Strategie ist, geht der GAINS-Ansatz davon aus, dass Entscheidungsträger und ihre Merkmale eine zentrale Rolle im Internationalisierungsprozess spielen.

Interne Beratung

1. *Begriff:* Beratung durch ein Unternehmen, an dem der Auftraggeber einen Mehrheitsanteil besitzt, oder das Personal einer eigenen Beratungsabteilung des Auftraggebers.

2. *Vor- und Nachteile:* Als Vorteile im Vergleich mit der externen Beratung gelten die bessere Kenntnis des Mutterkonzerns, bessere Beratungskonditionen und der Erhalt des Wissens im Unternehmen. Hinzu kommt, dass bei externen Tätigkeiten einer internen Beratungseinheit das Image des Mutterkonzerns und interne Referenzprojekte vertrauensfördernd wirken. Dagegen wird argumentiert, dass interne Berater durch ihre Innensicht bestenfalls beschränkte Möglichkeiten haben, Kenntnisse über die Praxis in anderen Branchen zu erwerben, und dementsprechend kaum Wissen von außen zur Anreicherung ihrer Beratungsleistung nutzen können. Außerdem lässt sich in der Regel der Vorteil der weitreichenden Kenntnisse über die eigene Branche nicht für die Beratung direkter Konkurrenten nutzen, sei es, weil diese fürchten, sensible Informationen preiszugeben, sei es aufgrund von Zweifeln an der Neutralität der Beratungsfirma. Zudem ist es für interne Berater schwieriger, zu firmen- oder führungspolitischen Themen Stellung zu beziehen.

Issue Analysis

Systematische Untersuchung zur Definition eines Zustandes oder einer Problemstellung in einer Organisation. Die Issue Analysis dient der Einkreisung des Consulting-Objekts und ist Voraussetzung für die Lösungsfindung bei einem Beratungsprojekt. Vorteilhaft ist der binäre Ansatz, der sich in einem „Fragenbaum" manifestiert.

Beispiel: Handelt es sich um ein operationales oder ein strategisches Problem? Wenn operationales Problem: Handelt es sich im ein kosten- oder um ein umsatzbezogenes Problem? Wenn Kostenproblem: Geht es um Prozesskosten oder um Produktkosten? Wenn Prozesskosten: Ist der Prozess zu komplex, oder verursacht er einen zu hohen Aufwand? Auf diese Weise kann die Fragenkette nach Bedarf beliebig lange fortgesetzt werden.

Die Issue Analysis sollte unter Beachtung des Gesamtsystems durchgeführt werden, damit Abhängigkeiten und Störfaktoren einbezogen werden können.

IT-Consulting

IT-Beratung, Consulting von Unternehmen bei der Gestaltung von Prozessen, die durch Informationstechnologie (IT) unterstützt werden, sowie bei der Einführung von neuen IT-Systemen und -Anwendungen. Darüber hinaus unterstützen viele IT-Consultants die Unternehmen auch in den Bereichen Systementwicklung und -integration.

Management

Der ursprünglich angloamerikanische Begriff Management bezeichnet heute im betriebswirtschaftlichen Sprachgebrauch einerseits – in funktionaler Perspektive – die Tätigkeit der Unternehmensführung. Andererseits wird auch – in institutioneller Perspektive – das geschäftsführende Organ, also die Gruppe der leitenden Personen eines Unternehmens als Management bezeichnet. Als solches bezeichnet der Begriff sowohl eine Institution als auch eine Funktion in gemeinnützigen, öffentlichen oder privatwirtschaftlichen Organisationen.

Im Sinne einer zielgerichteten Tätigkeit (Funktion des Managements) sind die Aufgaben des Managements

(1) die Festlegung von Zielen der Organisation,

(2) die Entwicklung einer Strategie zur Zielerreichung,

(3) die Organisation und Koordination der Produktionsfaktoren und die Führung der Mitarbeiter und/oder Freiwilligen zum Zweck der Produktion von privaten oder öffentlichen Gütern. Als solches ist Management eine Grundtätigkeit und Kernfunktion moderner Gesellschaften (P. Drucker).

1. *Management als Funktion*: Der Gegenstand betriebswirtschaftlicher Forschung unter der funktionalen Perspektive untersucht alle Tätigkeiten von Führungskräften, die in den funktionalen Bereichen der Unternehmung (Beschaffung, Produktion, Absatz, Finanzierung, Personalwirtschaft, Verwaltung) zu erbringen sind. Als Standardmodell dieser Tätigkeiten hat sich der sogenannte Managementzyklus etabliert. Danach zählen

(1) Analyse,

(2) Zielsetzung,

(3) Planung,

(4) Entscheidung,

(5) Organisation,

(6) Delegation,

(7) Koordination,

(8) Mitarbeiterführung und

(9) Kontrolle

zu den Aufgaben des Managements.

Das Management:

(1) analysiert die Situation des Unternehmens in mehreren Dimensionen (Situationsanalyse),

(2) definiert in Abstimmung mit dem Aufsichtsrat bzw. den Eigentümern die Zielsetzung der Unternehmenstätigkeit (Zielbildung),

(3) plant den Einsatz sowie die Beschaffung und Bereitstellung der dafür nötigen Ressourcen (Unternehmensplanung),

(4) entscheidet über das Aktionsprogramm zur Zielerreichung mit den gegebenen Ressourcen (Operationalisierung der Ziele),

(5) definiert die Grundlagen für die Weiterentwicklung der Aufbau- und Ablauforganisation für eine möglichst effiziente Zielerreichung (Organisationsentwicklung),

(6) delegiert strategisch wichtige Aktivitäten an eigens geschaffene Projektteams sowie die Umsetzung von Maßnahmen im Rahmen des Aktionsprogramms und die Definition von Teilzielen an die mittlere Management-Ebene,

(7) koordiniert die Kooperation der verschiedenen Funktionsbereiche des Unternehmens,

(8) führt die jeweils unmittelbar zugeordneten Mitarbeiter des mittleren Managements und definiert den Rahmen (Prinzipien) der Mitarbeiterführung auf der Ebene des Gesamtunternehmens (Führungsmodell),

(9) kontrolliert den Zielerreichungsgrad in Bezug auf die Unternehmensplanung mittels der Informationen des normativen, strategischen und operativen Controllings.

Größere Organisationen haben für diese Aufgaben i. d. R. drei Management-Ebenen ausgeprägt. Der Vorstand (Top-Management) trägt die Gesamtverantwortung für das Unternehmen und dessen strategische Entwicklung, formuliert die strategischen Ziele, trifft grundsätzliche

Entscheidungen darüber, wie diese in der Gesamtorganisation erreicht werden sollen und stellt einzelnen Funktionsbereichen Ressourcen für das Erreichen von Teilzielen bereit. Die mittlere Management-Ebene definiert in Interaktion mit dem Top-Management die Teilziele für ihren jeweiligen Verantwortungsbereich, trägt Verantwortung für die Erreichung der Teilziele (Einzelentscheidungen im „Tagesgeschäft") und berichtet an das Top-Management über die Fortschritte in der Zielerreichung. Das untere Management koordiniert die Tätigkeit der Mitarbeiter mit ausführenden Tätigkeiten in Abstimmung mit dem mittleren Management und ist für die Effizienz und Qualität im Leistungsprozess verantwortlich.

2. *Management als Institution und akademische Disziplin*: Das Management eines Unternehmens umfasst – im weitesten Sinne – zunächst alle Personen, die leitende Aufgaben der Unternehmung erfüllen. Im engeren Sinne bezieht sich der Begriff jedoch auf das leitende Organ des Unternehmens, das – im Falle größerer Unternehmen – durch den Vorstandsvorsitzenden bzw. den Geschäftsführer geführt und vertreten wird, die ihrerseits von den Eigentümern oder dem Aufsichtsrat zur Geschäftsführung bestellt werden. Diese Form der Trennung von Eigentum und Geschäftsführung als konstitutives Merkmal des Managements als Institution hat sich mit der Entwicklung von größeren Handelsgesellschaften, Banken und ersten industriellen Aktiengesellschaften sowie dem Beginn einer öffentlichen Verwaltung etabliert. Entsprechende Gesetze des Wirtschaftsrechts regeln die Konstitution, Rechte und Pflichten des Managements als Organ.

Management ist als Institution und Beruf durch die wachsende Professionalisierung auch zu einer sozialprestigeträchtigen Funktion geworden, deren Prestige längere Zeit selbst über dem des Unternehmers stand. P. Drucker weist darauf hin, dass mit dem Aufstieg des Managers in der sozialen Hierarchie vom Verwalter (Privat- bzw. Industriebeamten) zum Leitbild sich eine soziale Gruppe mit in der Regel überdurchschnittlichem Einkommen gebildet hat (managerial class), die sich durch spezifische Mentalitäten und Dispositionen auszeichnet (industrial man), die im Kontext der für die moderne Gesellschaft typischen Rationalisierung aller Bereiche des wirtschaftlichen und sozialen Lebens für die Führung zweckrationaler Organisationen gebraucht wird. Allerdings zeigt sich auch in den letzten Jahrzehnten eine zunehmende Skepsis gegenüber rein zweckrationalen Handelns, das auch als Managerismus, also als Ideologie kritisiert wird. Gleichzeitig dazu entwickelte sich sowohl im Bereich der Management - als auch im Bereich der betriebswirtschaftlichen Lehre und Praxis ein erneutes Aufleben ethisch-wertrationaler Diskussionen, die sich im akademischen Bereich z. B. in der Neuen Institutionenökonomie (Principal-Agent-Theorie), in der Einführung von Corporate-Governance-Codes, der Entwicklung und Einführung von Managementsystemen in den Bereichen Corporate Social Responsibility, Nachhaltigkeit etc. zeigen.

Managementberatung

Professionelle beratende Tätigkeit, ausgeübt von einer institutionell unabhängigen und fachlich durch entsprechende Ausbildung und praktische Erfahrung qualifizierten Personengruppe.

1. *Ziel*: Beitrag zur Lösung von Managementproblemen in Unternehmungen.

2. *Aufgaben*:

(1) Ist-Aufnahme der bestehenden Verhältnisse,

(2) Problemidentifikation und Soll-Formulierung,

(3) Ausarbeitung und Empfehlung von Vorschlägen zur Problemlösung,

(4) Unterstützung zur Durchführung der entsprechenden Maßnahmen und

(5) Kontrolle der Funktionsfähigkeit dieser Maßnahmen durch Soll-Ist-Vergleiche.

3. *Hauptarbeitsgebiete*: Produkt-Management, Marketingmanagement, Management der Verkaufsorganisation, Management der Bereiche Finanzen und Rechnungswesen, Personal-Management, Management des technologischen Bereichs (einschließlich EDV), Programme für Aus- und Weiterbildung der Mitarbeiter und Management der systeminternen Forschung und Entwicklung (F&E) - (Research and Development).

Marketingberatung

1. *Begriff und Gegenstand:* Systematisches, ganzheitliches, interaktives, potenzialorientiertes und in der Regel längerfristiges Consulting in Fragen des Marketings. Das Hauptanliegen der Marketingberatung ist, Änderungen der Märkte und der Kundenbedürfnisse möglichst frühzeitig aufzuzeigen, um daraus resultierende Chancen und Risiken für das Kundenunternehmen ableiten zu können. Solche Änderungen stellen Unternehmen vor die Notwendigkeit, ihre Strategien und Geschäftsmodelle zu überprüfen und geeignete Strukturen und Prozesse zu schaffen, um Neuerungen erfolgreich umzusetzen. Zur Erschließung, Entwicklung und langfristigen Sicherung der unternehmensspezifischen strategischen Erfolgspotenziale des Klienten unterstützt die Marketingberatung das Management bei der Anpassung und Umgestaltung der Ziele, Strategien, Strukturen und Prozesse sowohl in strategischer Hinsicht (Strategieberatung) als auch im Hinblick auf die Umsetzung (Umsetzungsberatung).

2. *Neuere Tendenzen:* Viele Unternehmen sehen in einem zunehmend globalen Qualitäts-, Kosten- und Zeitwettbewerb das Erfordernis, ihren Wert zu steigern, und im Relationship-Marketing ihre zentrale Herausforderung. Die Maxime einer wertorientierten Unternehmensführung verlangt die konsequente Orientierung der Marketingberatung an bestehenden oder neu zu schaffenden Werten. Dabei rücken nicht nur der Markenwert und seine Positionierung (Markenmanagement) immer stärker in den Mittelpunkt der Beratung. Daneben erfordert die Orientierung am langfristigen Kundenwert im Rahmen des Relationship-Marketings (Kundenlebenszyklus) in Anbetracht der Produktvielfalt, veränderter Kundenstrukturen und wechselnder Trends des Verbraucherverhaltens eine Optimierung der Kundenbindung.

Metaconsulting

„Beratung über Beratung"; Beratungsdienstleistung, die das Management der Berater und Beratungsprojekte in einem Unternehmen selbst zum Gegenstand hat. Zu den Aufgaben der Metaberater zählen die Analyse des Beratungsbedarfes, die Definition passender Beratungsprojekte, deren Ausschreibung, die Auswahl der am besten geeigneten Berater und die Begleitung der Projekte. Der Metaberater unterstützt vor allem solche

Unternehmen, die bislang wenig Erfahrung mit Unternehmensberatung haben. Daher benötigt der Metaberater umfangreiche eigene Erfahrung im Consulting, um seine Kunden optimal unterstützen zu können. Zum Aufgabenbereich des Metaconsultings zählt mit der Definition geeigneter Beratungsprojekte und deren Betreuung in der Durchführung auch das Multiprojektmanagement, das sich mit dem Management eines ganzen Projektportfolios befasst.

Muddling-through-Strategie

Entscheidungstheorie, die von nur wenigen Annahmen ausgeht. Es werden nicht alle möglichen Strategiealternativen gesucht und bewertet, sondern es wird nur eine relativ kleine Zahl von Alternativen betrachtet. Auch die daraus abgeleiteten Konsequenzen werden beschränkt. Es wird also lediglich eine schrittweise Näherungslösung angestrebt.

Multinationale Strategie

Strategische Orientierung eines international tätigen Unternehmens mit polyzentrischer Prägung. Es erfolgt eine größtmögliche Anpassung an lokale Gegebenheiten bei gleichzeitig größtmöglicher Dezentralisierung. Tochtergesellschaften im Ausland handeln weitgehend autonom und unabhängig von der Muttergesellschaft.

Nachfolgeberatung

1. *Begriff:* Nachfolgeberatung ist eine komplexe Consulting-Dienstleistung, die sich mit der Nachfolge des Gründers oder geschäftsführenden Unternehmers insbesondere in mittelständischen Unternehmen befasst. Ziel ist die Absicherung der qualifizierten Nachfolge und die Organisation des Generationenwechsels.

2. *Problemstellungen:* Ein Generationenwechsel an der Spitze eines Unternehmens kann nicht kurzfristig erfolgen, sondern ist ein langfristig angelegter Prozess mit spezifischen Problemstellungen und birgt aufgrund der hohen emotionalen Beteiligung der Beteiligten ein hohes Konfliktpotenzial. Ein wesentlicher Aspekt der Nachfolgeberatung ist die Verteilung und weitere Entwicklung des unternehmerischen Vermögens: Dabei geht

es um die Übertragung der Anteile am Unternehmen mit den entsprechenden steuer- und gesellschaftsrechtlichen Regelungen sowie um die
Klärung, wie die eventuelle Auszahlung von Familienmitgliedern oder anderen Teilhabern zu finanzieren ist. Zum anderen ist mit Blick auf die Zukunft die Führung des Unternehmens als Einnahmequelle für verbleiben-
de Familienmitglieder zu klären, sei es in der Funktion des Managers oder
Gesellschafters. Die Nachfolgeberatung beginnt in der Regel noch vor der
Organisation des Übergabeprozesses mit der Sondierung, ob der Nachfolger überhaupt gewillt und in der Lage ist, das Unternehmen zu über-
nehmen. Steht in der Familie oder im Umfeld des Unternehmens generell
oder in absehbarer Zeit kein Nachfolger zur Verfügung, kann der Einsatz
eines Fremdmanagers oder in letzter Konsequenz auch der Verkauf des
Unternehmens in Betracht gezogen werden.

3. *Beratungsansätze:* Nachfolgeberatung wird häufig von Experten aus
Rechts-, Steuerberatung und Wirtschaftsprüfung durchgeführt, die die
erbschafts- und ertragsrechtlichen Folgen des Generationenwechsels
prüfen und die Unternehmen bei der Umsetzung strategischer Pläne und
der organisatorischen Neugestaltung unterstützen.

Ein weiterer Ansatzpunkt für Berater ist die Suche nach dem geeigneten
Nachfolger und seine Positionierung im Unternehmen. Hier haben sich
unter anderem folgende Beratungsleistungen bewährt: Entwicklung eines
neuen Firmenleitbildes und einer Zukunftsvision unter neuer Führung,
Moderation bei Konflikten und schwierigen Führungssituationen in der
Phase des Wechsels, Coaching des Nachfolgers als Führungskraft.

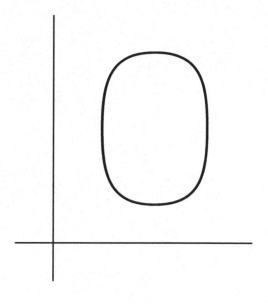

© Springer Fachmedien Wiesbaden GmbH, ein Teil von Springer Nature 2019
Springer Fachmedien Wiesbaden (Hrsg.), *77 Keywords Consulting*,
https://doi.org/10.1007/978-3-658-23654-0_8

One-Firm-Strategie

Strategisches Grundmuster vor allem der großen international tätigen Strategieberatungsfirmen, wonach eine Ausdehnung der Geschäftstätigkeit im Consulting ausschließlich über internes Wachstum erfolgt und Auslandsniederlassungen immer in Form von Neugründungen entstehen. Ziel der One-Firm-Strategie ist es, eine weltweit einheitliche Unternehmenskultur zu schaffen und einheitliche Positionierungs- und Qualitätsmerkmale zu erreichen.

Organisation

I. Grundlagen

Der Begriff der Organisation lässt sich nicht eindeutig definieren. Die Begriffslegung ist abhängig von der jeweils zugrundegelegten organisations-theoretischen Herangehensweise. Im Rahmen des vorliegenden Beitrags wird unter Organisation das formale Regelwerk eines arbeitsteiligen Systems verstanden. Informale Regelungen werden nicht betrachtet. Derartige organisatorische Regelungen lassen sich in zwei Klassen einordnen, die quasi als zwei Seiten einer „Organisationsmedaille" zu verstehen sind: Es sind dies die zu wählende(n) Spezialisierungsart(en) und die zu wählende(n) Koordinationsform(en).

Während die *Spezialisierung* fragt, wie eine Aufgabe am sinnvollsten arbeitsteilig erledigt werden kann, beschäftigt sich die *Koordination* mit der Frage, wie arbeitsteilige Prozesse effizient zu strukturieren sind. Immer dort, wo es zur Arbeitsteilung kommt ist Koordination notwendig. Umgekehrt: Wo keine Spezialisierung vorliegt, ist auch Koordination entbehrlich.

II. Organisatorische Regelungen zur Arbeitsteilung (Spezialisierung)

Mit der Spezialisierung wird eine Erhöhung der Wirtschaftlichkeit betrieblicher Prozesse und Vorgänge angestrebt, dabei ist neben der Frage nach der zu wählenden Spezialisierungsart auch die Frage nach dem Ausmaß der Spezialisierung zu beantworten. Allerdings ist zu beachten, dass eine einmal gewählte Spezialisierung nicht auf Dauer effizient sein muss. Die Notwendigkeit des Wechsels der Spezialisierung wird in aller Regel durch folgende Ereignisse signalisiert: Warteschlangen, Qualitätsmängel,

Nacharbeit, überforderte Vorgesetzte, Absentismus, Fluktuation, Unelastizität bei Spitzenbelastungen, Beschäftigungsunterschiede bei einzelnen Abteilungen, Kommissionswirrwarr, bürokratische Wasserköpfe etc. Notwendigkeit und Nutzen des Wechsels der Spezialisierungsform sind insbesondere am Beispiel des Wechsels von der Funktional- zur Geschäftsbereichsorganisation vielfach untersucht und bestätigt worden. Die folgenden grundlegenden Formen der Arbeitsteilung gilt es zu unterscheiden:

1. *Spezialisierung nach Verrichtungen oder Funktionen*: Die Aufgabe wird daraufhin analysiert, welche Tätigkeiten notwendig sind, um sie zu erfüllen. Es werden dann alle Tätigkeiten der gleichen Art zusammengefasst und zur Grundlage der Stellenbildung gemacht. Gliedert man ein gesamtes Unternehmen nach Verrichtungen, entsteht die so genannte Funktionalorganisation mit den Abteilungen Beschaffung und Logistik, Produktion, Absatz, Forschung und Entwicklung sowie Verwaltung. Es wandert oder wechselt das zu bearbeitende Objekt. Es werden stets die gleichen Verrichtungen an unterschiedlichen Objekten durchgeführt. Diese Spezialisierung erfordert den Verrichtungsspezialisten, der in der Lage ist, die gleichen Verrichtungen an unterschiedlichen Objekten (z. B. Materialien oder Produkten), gegebenenfalls auch mit unterschiedlichen Werkzeugen ausführen zu können. Ein Wechsel der Objekte ist kostengünstiger (einfacher, konfliktärmer, qualitativ besser) als der Wechsel der Verrichtungen.

2. *Spezialisierung nach Objekten*: Jede Arbeit lässt sich als eine Menge von Verrichtungen an einer Menge von Objekten begreifen. Objekte sind zunächst die Einsatzmaterialien, sodann die Zwischenprodukte und dann die Endprodukte. Der Objektbegriff ist dabei sehr flexibel. Objekte im organisatorischen Sinn können auch einzelne Kunden oder Kundengruppen sein. Bei der Aufgabenanalyse werden alle Objekte der gleichen Art zusammengefasst und zur Grundlage der Stellenbildung gemacht. Auf der Ebene der gesamten Unternehmung ist die so genannte Geschäftsbereichsorganisation eine nach Objekten spezialisierte Organisationsform. Sie besteht aus mehreren Geschäftsbereichen, in denen jeweils unterschiedliche, nach Technologie und/oder Marktbeziehungen unterscheidbare Produktgruppen produziert und abgesetzt

werden. In diesen Fällen bleibt das Objekt der Art nach das gleiche, es wechseln aber die Verrichtungen. Diese Spezialisierung erfordert den Objektspezialisten, der in der Lage ist, unterschiedliche Verrichtungen an jeweils dem gleichen Objekt durchzuführen. Ein Wechsel der Verrichtungen ist kostengünstiger (einfacher, konfliktärmer, qualitativ besser) als der Wechsel der Objekte.

3. *Spezialisierung nach Raum*: Bei dieser Spezialisierungsform werden die Aufgaben daraufhin analysiert, an welchen geografisch bestimmbaren Orten sie durchgeführt werden. Für die Stellenbildung werden alle die Aufgaben zusammengefasst, die innerhalb eines bestimmbaren geografischen Raumes ablaufen. Ein klassisches Beispiel für diese Form der Spezialisierung ist die Filialorganisation der Banken, Versicherungen und großen Handelsunternehmen. Auch die Auslandstätigkeit wird vielfach nach räumlichen Kriterien organisiert. Der Träger der räumlichen Spezialisierung ist der Ortskenner oder der Länderexperte. Auch hier gilt: Er bearbeitet unterschiedliche Objekte mit unterschiedlichen Verrichtungen, aber nur, wenn sie in seine räumliche Zuständigkeit fallen. Ein Wechsel dieser räumlichen Ordnung ist teurer als der Wechsel der Verrichtungen oder der Objekte.

4. *Mischformen*: In der Realität sind diese Kriterien vielfach vermischt angewendet. Das oberste Kriterium für die Erfolgsbeurteilung von Spezialisierungsformen ist nicht etwa die ausschließliche Orientierung an einem einzigen Kriterium, sondern vielmehr die Lückenlosigkeit und Überschneidungsfreiheit, denn diese wären die Ursachen für Untätigkeit oder für Doppelarbeit. Eine Mischung der Spezialisierungsarten kann dabei auf einer Dimension erfolgen, es können jedoch auch mehrdimensionale Mischungen der Spezialisierungsarten vorliegen, wie z. B. bei der Matrix- oder Tensororganisation.

III. Organisatorische Regelungen zur Arbeitsintegration (Koordination)

Folgt man dem Effizienzpostulat der Spezialisierung, so steht am Ende eines solchen Prozesses die Aufteilung der Aktivitäten zur Erstellung der Unternehmensaufgabe auf eine größere Anzahl von Personen oder Institutionen. Damit sind die Aufgaben erfolgreicher Koordination vorgezeichnet:

a) *Ausrichtung der Aktivitäten auf ein Ziel*: Koordination führt dazu, dass die Komponenten der Zielsetzung stets bewusst gemacht werden, in der täglichen Arbeit einheitlich angewandt werden und gegebenenfalls auf Verbesserungs- und Änderungsmöglichkeiten hin überprüft werden.

b) *Vermeidung überflüssiger Arbeit*: Koordination trägt dazu bei, dass die Arbeitsabläufe so gestaltet werden, dass Doppelarbeit vermieden wird und sich eine optimale Reihenfolge realisieren lässt.

c) *Verteilung knapper Ressourcen*: Koordination löst Verteilungskonflikte.

d) *Herstellung eines einheitlichen Wissenstandes*: Koordination gleicht Wissens- und Wahrnehmungsunterschiede unter den Beteiligten und Betroffenen aus.

Im Rahmen der organisatorischen Auswahlentscheidung stehen nun eine Vielzahl von Instrumenten zu Verfügung, mit deren Hilfe sich diese Koordinationsaufgaben lösen lassen.

1. *Hierarchie als zentrales Instrument der Koordination*: Die gleichsam natürliche Form der Koordination erfolgt durch Bildung einer Hierarchie: Es wird eine Konstellation von Vorgesetzten und Mitarbeitern geschaffen. Eine Hierarchie entsteht dadurch, dass derartige Beziehungen zwischen einer auftraggebenden und einer auftragnehmenden Instanz in der Breite (auf mehrere Untergebene) und in die Tiefe (auf mehrere Ebenen) ausgedehnt werden. Diese Koordinationsleistung der Hierarchie soll bewusst, überlegt und dauerhaft erfolgen. Man macht sie den Beteiligten zweckmäßigerweise durch Stellenbeschreibungen bewusst.

2. *Maßnahmen der Ergänzung hierarchischer Koordination*: Hierarchische Koordination hat Grenzen. So darf z. B. die sogenannte Leitungsspanne von Führungskräften nicht unkontrolliert wachsen. Diese Leitungsspanne kann zwar bei sehr einfachen Tätigkeiten der Mitarbeiter höher sein. Maßgeblich für die Begrenzung der Leitungsspanne ist die zeitliche, intellektuelle und psychische Kapazität des Vorgesetzten. Hält man bei der Koordination ausschließlich an dem hierarchischen Prinzip fest, so erfolgt die Anpassung an steigenden Aufgabenumfang dadurch, dass die Hierarchie zunächst in die Breite und dann in die Tiefe wächst. Dabei wird immer deutlicher bewusst, dass die Hierarchie in geeigneter Weise

zu ergänzen ist. Die traditionellen Formen der Hierarchieergänzung sind die folgenden:

a) *Stäbe*: Stäbe sind organisatorische Einheiten (Stellen) ohne Entscheidungskompetenz. Sie werden entweder als Spezialisten für bestimmte Fachfragen herangezogen, z. B. als Syndikus oder als juristische Abteilung. Oder sie sind einzelnen Führungskräften als Assistenten zugeordnet, um diese in ihrer Führungstätigkeit zu unterstützen, vor allem durch Beschaffung, Verarbeitung und Aufbereitung von Informationen.

b) *Kommissionen*: Kommissionen sind institutionalisierte Personenmehrheiten (drei oder mehr) aus unterschiedlichen Instanzenzügen. Sie haben als „stehende Gremien" eine Daueraufgabe (z. B. monatliche Planabstimmung) oder als Projekt-Ausschüsse eine befristete, gesondert definierte Aufgabe (z. B. eine Umorganisation). Durch die Einbeziehung mehrerer Ressorts sollen unterschiedliche Sachgesichtspunkte berücksichtigt werden. Kommissionen verkürzen die Informationswege und sorgen für gleichzeitige und gleichartige Informationsversorgung der Anwesenden. Sie reduzieren somit Wahrnehmungs- und Wissenskonflikte, erlauben Rückfragen und gemeinsame Lernprozesse.

c) *Programme (Ablaufregelungen)*: Spezialisierung trennt, Koordination fügt wieder zusammen. Wenn Spezialisierung die Arbeit zeitlich trennt, in einzelne Phasen und noch weiter in einzelne Arbeitsgänge zerlegt, dann ist Koordination nötig, um diese einzelnen Teilschritte wieder zu einem Gesamtprozess zusammenzufügen. Die so genannte Ablauforganisation hat unter diesem Koordinationsaspekt die Reihenfolge der einzelnen Schritte festzulegen, Parallelarbeit zu ermöglichen und Wartezeiten zu verhindern oder zu vermindern, Termine für Beginn, Zwischenergebnisse und Ende des Prozesses oder einzelner Phasen zu setzen und damit Fristen oder Geschwindigkeiten zu bestimmen. Die koordinierende Leistung von Programmen liegt darin, dass sie gleichartigen und gleichbleibenden Leistungsvollzug ermöglichen, und das sehr wirtschaftlich. Programme mindern Schwächen und Defekte individuellen Problemlösungsverhaltens, geben unpersönliche Handlungsimpulse zur Interaktion, verhindern das Übersehen von Problemaspekten und sorgen für gleichmäßige Information.

d) *Projektorganisation*: Organisation soll den dauerhaften Vollzug der Leistungserstellung und -verwertung möglichst kostengünstig, reibungsarm, qualitätssichernd und schnell ermöglichen. Wenn daneben aber Probleme auftreten, die einmalig oder gar erstmalig zu lösen sind, so genannte konstitutive und innovative Probleme, dann ist die Organisation überfordert. In dieser Situation hat sich Projektmanagement bewährt. Es handelt sich dabei um eine grundsätzlich befristete, auf die Erfüllung einer genau definierten Aufgabe zugeschnittene Zuständigkeit. Der zuständige Projektmanager ist gesondert zu ernennen und wird zur Lösung seiner Aufgabe mit Mitarbeitern ausgestattet, die entweder in Voll- (reines Projektmanagement) oder in Teilzeitarbeit (Matrix-Projektmanagement) an diesem Projekt mitarbeiten. Die Koordinationsleistung des Projektmanagements liegt vor allem darin, dass das konstitutive oder innovative Problem systematisch unter Nutzung des gesamten Potenzials der Unternehmung gelöst, die Entscheidung bereits mit der Implementierung verflochten und die Gefahr von Insellösungen vermieden werden kann.

IV. Organisation als bewusster Verzicht auf organisatorische Regelungsmechanismen

Die Beobachtung ist sicherlich nicht neu, dass sich ein Teil der Unternehmen bei zunehmender Unternehmensgröße der wachsenden Bürokratisierung zu entziehen versucht, indem sie statt der Bürokratie eine Dezentralisation anstreben. Dezentralisation bedeutet dabei: Verlagerung von Entscheidungskompetenzen an untergeordnete Stellen, im Extremfall sogar eine Ausgliederung bestimmter organisatorischer Teilbereiche aus dem Unternehmen. Geleitet werden derartige Entscheidungen von dem auf dem Transaktionskostenansatz aufbauenden Lean-Management-Konzept. Dieses zwingt, ständig über die Grenzen der Unternehmung nachzudenken. Oder anders: Es gibt der Unternehmensleitung beständig auf zu fragen, ob bestimmte Funktionen nicht kostengünstiger durch Marktpartner erbracht werden können und deshalb aus der Unternehmung auszugliedern sind. Das Unternehmen soll sich von allen den Teilbereichen trennen, die wenig zur Wertschöpfung beitragen, von Externen mit der gleichen Zuverlässigkeit und Qualität erbracht werden können und die innerbetrieblich nur Koordinationskosten verursachen. Es ist dann nur konsequent, dass auch ganze Führungsebenen eingespart werden, die zuvor mit der Koordination beschäftigt waren.

An die Stelle der innerbetrieblichen Koordination tritt damit die Kooperation mit Marktpartnern. Diese unterscheidet sich möglicherweise von der traditionellen Einkaufsbeziehung, dass sie auf längere Frist vereinbart, durch Einführung gemeinsamer Qualitäts- und Abmessungsstandards stabilisiert und vielleicht sogar durch Lieferantenwerkstätten auf dem eigenen Werksgelände sichtbar fixiert wird. Die Ausgliederung betrieblicher Funktionen auf selbständige Marktpartner ist die konsequenteste Form, die Hierarchie zu ersetzen. Eine so genannte hybride Form liegt darin, innerbetriebliche Märkte und Verrechnungspreise einzuführen.

Organisationsberatung

Hauptfeld der Unternehmensberatung, das die Optimierung der Ablauforganisation und Aufbauorganisation zum Ziel hat. Die Organisationsentwicklung ist ebenfalls Teil der Organisationsberatung.

Organisationsentwicklung

1. *Begriff*: Strategie des geplanten und systematischen Wandels, der durch die Beeinflussung der Organisationsstruktur, Unternehmenskultur und individuellem Verhalten zustande kommt, und zwar unter größtmöglicher Beteiligung der betroffenen Arbeitnehmer. Zielsetzung ist einerseits, der Leistungsfähigkeit der Organisation, und andererseits der Entfaltung der einzelnen Organisationsmitglieder zu dienen. Die gewählte ganzheitliche Perspektive berücksichtigt die Wechselwirkungen zwischen Individuen, Gruppen, Organisationen, Technologie, Umwelt, Zeit sowie die Kommunikationsmuster, Wertestrukturen, Machtkonstellationen etc., die in der jeweiligen Organisation real existieren.

2. *Ziele*: Die Verbesserung der organisatorischen Leistungsfähigkeit zur Erreichung der strategischen Ziele der Unternehmung und die Verbesserung der Qualität des Arbeitslebens für die in ihr beschäftigten Mitarbeiter (Humanisierung der Arbeit).

Outsourcing

1. *Begriff/Charakterisierung*: Verlagerung von Wertschöpfungsaktivitäten des Unternehmens auf Zulieferer. Outsourcing stellt eine Verkürzung der Wertschöpfungskette bzw. der Leistungstiefe des Unternehmens dar. Durch die Inanspruchnahme qualifizierter, spezialisierter Vorlieferanten für Komponenten und Dienstleistungen werden die Produktions-, Entwicklungs-, aber auch Dienstleistungsgemeinkosten des Unternehmens häufig reduziert. Durch Konzentration auf die Kernaktivitäten werden Kostenvorteile realisiert und die eigene operative und eigene strategische Marktposition verbessert. Strategisch wichtig ist, dass im Rahmen des Outsourcings Schlüsseltechnologien und -kompetenzen nicht aufgegeben werden, weil auf diese Weise eine unerwünschte Abhängigkeit vom Vorlieferanten entstehen könnte.

2. *Bedeutung*: Outsourcing von Dienstleistungen (z. B. Datenverarbeitung), aber auch der Teileproduktion oder ganzer Komponenten in der Industrie und damit die kostenorientierte Verkürzung der Wertschöpfungstiefe, hat strategisch in den letzten Jahrzehnten an Bedeutung gewonnen. Erfolgreiches Outsourcing setzt den Einsatz moderner Produktions- und Logistikkonzepte (z. B. Just in Time (JIT)) voraus, da die Zulieferer konzeptionell in die Wertschöpfungskette eingebunden werden (Supply Chain Management).

Portfolio-Analyse

I. Entstehung

1. *Portfolio-Ansatz von Markowitz* (1952), der Finanzwirtschaft zuordenbar: Eine Planungsmethode zur Zusammenstellung eines Wertpapierbündels (Portefeuille), das, nach bestimmten Kriterien (z.B. Erwartungswert und die Standardabweichung der Kapitalrendite) bewertet, eine optimale Verzinsung des an der Aktienbörse investierten Kapitals erbringen sollte (Portfolio Selection).

2. Der Ansatz wurde später auf andere Bereiche (z.B. Sachinvestitionen) übertragen.

Anfang der 1970er-Jahre gelang es, die Portfolio-Analyse auf ganzheitliche Problemstellungen bei diversifizierten Unternehmen anzuwenden (Vorreiter in der Praxis: General Electric): Es ging um die Bestimmung eines nach zukünftigen Chancen und Risiken ausgewogenen Produkt/ Markt-Programms.

Seither wurde die Portfolio-Analyse vielfach modifiziert und zählt zu den verbreitetsten Analyse- und Planungsinstrumenten des strategischen Managements.

II. Ziel

Ist die Betrachtungsebene der Portfolio-Analyse das Gesamtunternehmen, so sind seine Elemente die strategischen Geschäftsfelder (SGF). Grundüberlegung der Portfolio-Analyse ist es, die einzelnen SGF nicht isoliert zu betrachten, sondern eine ganzheitliche Planung des Verbundes aller SGF anzustreben. Die Portfolio-Analyse visualisiert, wie ausgewogen die Geschäfte eines Unternehmens sind. Da sie damit auch eine Denkfigur bietet, ist sie nicht nur eine Analysemethode, sondern auch eine Führungskonzeption (Portfolio-Management).

III. Ansätze

Um die Geschäfte eines Unternehmens untereinander vergleichbar zu machen, werden, je nach Konzept, unterschiedliche Bewertungskriterien zu einer generalisierenden Vereinfachung der Sachverhalte herangezogen.

1. *Portfolio-Analyse der Boston Consulting Group*:

a) *Kriterien* sind „Marktwachstum", als Ausdruck der Attraktivität eines Marktes, und „relativer Marktanteil", als Ausdruck der Wettbewerbsposition eines Geschäfts des Unternehmens relativ zur Konkurrenz. Beide Kriterien zeigen sich im PIMS-Modell (PIMS) stark positiv korreliert zur Rentabilität (bzw. dem Gewinn). Aus der Marktwachstums-Marktanteils-Matrix ergeben sich vier Portfoliokategorien, aus denen sogenannte Normstrategien, d. h. mögliche strategische Verhaltensweisen, und die sinnvolle Aufteilung von Ressourcen (finanzielle Mittel, Sach- und Humankapital) abgeleitet werden können. Diese vier Kategorien sind: „Stars", „Cash Cows", „Dogs" und „Question Marks".

b) *Theoretische Grundlage* sind das Konzept des Lebenszyklus (z. B. weist eine frühe Phase im Lebenszyklus auf hohe Wachstumspotenziale hin, erfordert aber auch erhöhte Investitionen) sowie die Erfahrungskurve (ein höherer Marktanteil ermöglicht eine günstigere Position auf der Erfahrungskurve und damit mehr Gewinn und Cashflow).

c) *Darstellungsweise*: Eine Portfolio-Matrix mit den unter a) genannten Dimensionen zeigt die Abbildung der Portfolio-Matrix der Boston Consulting Group in der Übersicht „Portfolio-Analyse".

Positioniert man in ihr die strategischen Geschäftsfelder, lassen sich vier Arten mit ihren dazugehörigen Normstrategien unterscheiden. Diese Normstrategien zielen auf eine Ressourcenzuteilung ab, die ein längerfristiges Gleichgewicht der Zahlungsströme sowie eine ausgewogene Investitionspolitik erwarten lässt.

2. *Portfolio-Analyse von McKinsey*:

a) *Kriterien*: Eine Eindimensionalität zur Erklärung der „Marktattraktivität" und der „relativen Wettbewerbsposition" (Wettbewerbsvorteil) wird aufgegeben. Eine Vielfalt quantitativer und qualitativer Faktoren wird als erfolgsbestimmend für Strategien angenommen.

b) *Darstellungsweise*: Eine Portfolio-Matrix mit neun Feldern, die mit Normstrategien versehen sind (vgl. Abbildung „Portfolio-Analyse").

3. *Markt-Produktlebenszyklus-Portfolio*: Auf der Ordinate wird entweder nur der Marktanteil (mit dem Mittelwert aus der PIMS-Datenbank als

Portfolio-Analyse

Portfolio-Matrix der Boston Consulting Group

	FRAGEZEICHEN	STARS
MARKTWACHSTUM hoch	• selektiv vorgehen	• fördern • investieren
niedrig	ARME HUNDE • desinvestieren • liquidieren	MELKKÜHE • Position halten • ernten

0   niedrig   hoch   100

RELATIVER MARKTANTEIL

Portfolio-Matrix von McKinsey

MARKTATTRAKTIVITÄT		SELEKTIVES VORGEHEN	SELEKTIVES WACHSTUM	INVESTITION UND WACHSTUM
	hoch	– Spezialisierung – Nischen suchen – Akquisition erwägen	– Potenzial für Marktführung durch Segmentierung abschätzen – Schwächen identifizieren – Stärken aufbauen	– wachsen – Marktführerschaft anstreben – Investitionen maximieren
		ERNTEN	SELEKTIVES VORGEHEN	SELEKTIVES WACHSTUM
	mittel	– Spezialisierung – Nischen suchen – Rückzug erwägen	– Wachstumsbereiche identifizieren – Spezialisierung – selektiv investieren	– Wachstumsbereiche identifizieren – stark investieren – ansonsten Position halten
		ERNTEN	ERNTEN	SELEKTIVES VORGEHEN
	niedrig	– Rückzug planen – desinvestieren	– Geschäftszweig „auszuzeln" – Investitionen minimieren – auf Desinvestitionen vorbereiten	– Gesamtposition halten – Cash flow anstreben – Investitionen nur zur Instandhaltung
		niedrig	mittel	hoch

RELATIVE WETTBEWERBSPOSITION

Markt-Produktlebenszyklus-Portfolio

WETTBEWERBSPOSITION		ENTSTEHUNG	WACHSTUM	REIFE	ALTER
	dominant	Marktanteile hinzugewinnen oder mindestens halten	Position halten Anteil halten	Position halten Wachstum mit der Branche	Position halten
	stark	Investieren, um Position zu verbessern. Marktanteilgewinnung (intensiv)	– Investieren, um Position zu verbessern – Marktanteilgewinnung	Position halten Wachstum mit der Branche	Position halten oder „ernten"
	günstig	Selektive oder volle Marktanteilgewinnung. Selektive Verbesserung der Wettbewerbsposition.	– Versuchsweise Position verbessern – Selektive Marktanteilgewinnung	– Minimale Investitionen zur „Erstandhaltung" – Aufsuchen einer Nische	„Ernten" oder stufenweise Reduzierung des Engagements
	haltbar	Selektive Verbesserung der Wettbewerbsposition	– Aufsuchung und Erhaltung einer Nische	– Aufsuchen einer Nische oder stufenweise Reduzierung des Engagements	Stufenweise Reduzierung des Engagements oder Liquidieren
	schwach	Starke Verbesserung oder Aufhören	– Starke Verbesserung oder – Liquidierung	Stufenweise Reduzierung des Engagements	Liquidieren

LEBENSZYKLUSPHASE

Skalen-Mitte) oder die relative Wettbewerbsposition (als Ergebnis einer multifaktoriellen Bewertung anhand einer Checkliste) abgetragen; auf der Abszisse werden anhand einer Checkliste die strategischen Geschäftsfelder durch das Management bezüglich ihrer Phase im Produktlebenszyklus eingestuft.

Grundidee ist es, den strategischen Geschäftsfelder-Mix so zu gestalten, dass jeweils ausreichend neue Geschäfte, aber auch Geschäfte in der Phase hoher Cash-Generierung zur Finanzierung der Wachstumsprodukte vorhanden sind (vgl. Abbildung Markt-Produktlebenszyklus-Portfolio in der Übersicht „Portfolio-Analyse").

4. *Technologie-Portfolio*: Die Forschungsgruppe für Innovation und Technologische Voraussage geht von der These aus, dass Technologie-Lebenszyklen erheblich länger und andersartiger sind als die hinter den Produkt/Markt-Portfolio-Ansätzen stehenden Produktlebenszyklen. Deshalb wird ein Portfolio-Management auf der Basis einer dreidimensionalen Definition der Geschäfte gefordert, verwirklicht durch eine ergänzende Analyse. Anhand der Dimensionen „Technologie-Attraktivität" und „Ressourcenstärke" (bei der Beherrschung eines Technologiegebietes relativ zur Konkurrenz) werden die hinter den Produkt/Markt-Kombinationen der strategischen Geschäftsfelder stehenden Produkt- und Prozesstechnologien positioniert, verbunden mit einer Zuordnung von Normstrategien.

5. *Modifizierungen/weitere Ansätze/Anwendbarkeit*: Die dargestellten Portfolio-Ansätze wurden in vielfacher Weise modifiziert, unter anderem Unschärfepositionierung, annahmebedingte Einteilung der Felder.

Außerdem existieren zahlreiche weitere Ansätze: Ressourcen-Geschäftsfeld-Portfolio, Unternehmensposition-Verwundbarkeit-Portfolio, Shell-International-(Directional-Policy-)Matrix etc.

Jeder dieser Ansätze hat seine kontexteigenen Stärken und Schwächen. Auch führt jeder der Ansätze aufgrund der unterschiedlichen theoretischen Bezugsrahmen zu verschiedenen Strategieempfehlungen. Man wird deshalb vor dem Hintergrund der jeweiligen Situation meist mehrere Ansätze in Verbindung mit anderen strategischen Analyseinstrumenten zum Einsatz bringen.

Projektmanagement (PM)

I. Begriff

PM umfasst die Führungsaufgaben, -organisation, -techniken und -mittel zur erfolgreichen Abwicklung eines Projekts. Die DIN 69901 definiert Projektmanagement als Gesamtheit von Führungsaufgaben, -organisation, -techniken und -mittel für die Abwicklung eines Projekts. Allgemeiner definiert das Project Management Institute (PMI) im PMBOK PM als Anwendung von Wissen, Fähigkeiten, Methoden und Techniken auf die Vorgänge innerhalb eines Projekts.

II. Unterscheidung von anderen, ähnlichen Begriffen

Von PM – im Sinn von Einzelprojektmanagement – lassen sich das Programmmanagement (als Management eines Großvorhabens mit mehreren Projekten und Teilprojekten mit gemeinsamer Zielsetzung, mehrjähriger Laufzeit und großem Budget) sowie das das Multiprojektmanagement abgrenzen. Letzteres bezieht sich auf die Planung, Steuerung und Überwachung von Projekten in einem Projektportfolio eines Unternehmens oder einer Einheit und dessen Ausrichtung an den Unternehmenszielen. Die PM-Methodik beschreibt die logische Abfolge der PM-Aufgaben im PM-Prozess. Standards liefern die internationalen Verbände, wie PMI oder IPMA (GPM) oder das Office of Government Commerce, GB mit Prince2.

III. Ziele

Mithilfe von PM soll die Projektabwicklung zur Erreichung des Projektziels in der geforderten Qualität, geplanten Zeit, mit optimalem Einsatz von Personal- und Kapitalressourcen effizient gestaltet werden.

IV. PM-Methodik und Prozessmodell

Die Methodik des PM umfasst die Abfolge von den PM-Aufgaben Projektdefinition, -durchführung und -abschluss, mit denen die PM-Ergebnisse erzielt werden.

1. *Projektdefinition*: Im Rahmen der Auftragsklärung dient die Ausgangsanalyse der Untersuchung des Projektgegenstands und des Projektumfelds (vor allem durch eine Analyse der Stakeholder). Das Projektziel wird eindeutig und vollständig, messbar, realisierbar und terminiert definiert. Die wichtigsten Anforderungen an das Projektergebnis, die späteren Ab-

nahmekriterien und die Abgrenzung des Projekts werden beschrieben. Risiken, die das Projektziel gefährden können, die aber eventuell bewusst eingegangen werden, werden identifiziert. In der Risikoanalyse wird das potenzielle Risiko mit Schadensmaß und Eintrittswahrscheinlichkeit eingeschätzt. Präventivmaßnahmen zur Vermeidung und Gegenmaßnahmen für den Fall des Eintritts werden erarbeitet. Gegensteuerungsmaßnahmen und Risikozuschläge gehen in den Projektplan ein.

Das Projekt wird im Rahmen der Grobplanung in einem Projektstrukturplan nach objektiven, funktionalen und/oder zeitlichen Kriterien heruntergebrochen. Je nach Projektumfang werden Teilprojekte definiert. Phasen mit Arbeitspaketen sowie Meilensteinen werden festgelegt. Eine erste Aufwand- und Ressourcenschätzung wird vorgenommen. Hilfestellung bei der Strukturierung leisten Vorgehensmodelle mit den für die Projektart typischen Phasen und Arbeitspaketen.

Aus den im Strukturplan benannten Arbeitspaketen werden die erforderlichen Qualifikationen abgeleitet, diesen dann Rollen und möglichst bereits Personen zugeordnet. Es folgt eine Beschreibung der Projektorganisation. Wichtig für eine erfolgreiche Einführung der Projektorganisation ist die klare Festlegung der Rollen und Gremien mit deren Entscheidungskompetenzen und Verantwortlichkeiten und der Berichtswege. Zur Projektorganisation gehören zumindest Auftraggeber (Kunde), Projektleiter (Projektmanager) und Projektteam. Der Projektleiter hat gegenüber dem Projektteam projektbezogene und in der Regel fachliche Weisungsbefugnis (Matrix-Projektorganisation).

Die Feinplanung setzt auf dem zeitlich orientierten Projektstrukturplan auf und benennt – zunächst für die erste(n) Projektphase(n) – die notwendigen Aktivitäten (oder Vorgänge) mit ihren Abhängigkeiten. Personalaufwand und Kosten werden geschätzt und Ressourcen unter Berücksichtigung ihrer Verfügbarkeiten zugeordnet. Die Verfügbarkeiten sind im Mitarbeitereinsatzplan auf Basis der Terminkalender aller Projektteammitglieder festgehalten.

Auf dieser Basis entsteht ein verbindlicher Durchführungsplan (Balken- oder Netzplan) mit konkreten Terminen (Dauer). Die Kostenplanung wird detailliert. Durch Bestimmung der zahlungswirksamen Kosten lässt sich

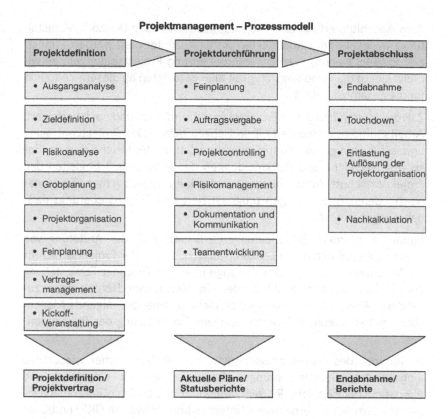

eine projektbezogene Finanzmittel-Bedarfsplanung ableiten und gegebenenfalls eine Projektfinanzierung einleiten. Die sich anschließende Wirtschaftlichkeitsrechnung stellt den quantifizierbaren Nutzen den gesamten Kosten (inklusive Personalkosten) gegenüber und liefert einen wesentlichen Entscheidungsparameter für die Durchführung des Projektes. Die Vereinbarungen über Lieferungen und Leistungen der Vertragspartner (vor allem Auftraggeber und Projektleiter als Auftragnehmer) werden im Rahmen des internen und externen Vertragsmanagements schriftlich als Projektvertrag dokumentiert.

Zum Abschluss erfolgt eine Projektstartbesprechung (Kickoff-Veranstaltung), in der alle Projektbeteiligten umfassend informiert werden. Projektziel, Risiken, Planung werden besprochen und Projektspielregeln entwickelt. Ziel ist die Handlungsfähigkeit aller Beteiligten ab diesem Zeitpunkt für die gesamte Laufzeit.

2. *Projektdurchführung*: Die Projektplanung wird nach und nach verfeinert, Arbeitsaufträge werden erteilt und abgearbeitet. Das Projektcontrolling umfasst Planungs- und Kontrollaufgaben: Soll-Ist-Vergleiche (auf der Basis der Netzpläne und Rückmeldungen der Mitarbeiter) begleiten den Projektfortschritt; Abweichungen werden kritisch beobachtet (Trendanalysen), deren Auswirkungen prognostiziert und Gegensteuerungsmaßnahmen eingeleitet.

Probleme erfordern Entscheidungen z. B. bezüglich der Änderung von Planvorgaben durch einen Lenkungsausschuss. Da der Projektfortschritt im Allgemeinen keine direkte Aussage über den Grad der Fertigstellung erlaubt, ist in bestimmten Abständen eine Restaufwandschätzung vorzunehmen. Alternativ erlauben zeitlich dicht aufeinander folgende Meilensteine mit konkreten Teilergebnissen eine Einschätzung des Projektstandes.

Im Rahmen des Risikomanagement werden Risiken immer wieder neu eingeschätzt, Gegensteuerungsmaßnahmen werden eingeleitet und überwacht. Wesentliche Risiken werden an das zentrale Risikomanagementsystem des Unternehmens (internes Kontrollsystem (IKS) und/oder KonTraG) gemeldet.

Kostenpläne und Offene-Punkte-Listen werden aktuell gehalten. In einer Projektakte (Handbuch) erfolgt fortlaufend die Dokumentation der PM-Ergebnisse. Überzeugende und vertrauensvolle Information und Kommunikation innerhalb des Teams und seines Umfeldes sollte im Berichtswesen (z. B. Statusberichte oder Newsletter) und in der Besprechungskultur ihren Niederschlag finden.

Motivation, gegenseitige Wertschätzung, der respektvolle Umgang mit Konflikten und eine Klarheit in den Aufgabenstellungen sind weitere Indikatoren für eine erfolgreiche Information und Kommunikation. Den von den Veränderungen durch das Projekt Betroffenen sollte Verständnis entgegengebracht werden, um Verunsicherungen entgegenzuwirken. Projekte geraten nicht selten langsam und unbemerkt in eine Schieflage. Ein gutes Multiprojektcontrolling, übergreifendes Risikomanagement, Audits und ein etabliertes Frühwarnsystem können frühzeitig Fehlentwicklungen und Handlungsoptionen aufzeigen. Folge kann ein Krisenmanagement sein, das zur Projektsanierung oder Neuausrichtung führt. Die Option eines vorzeitigen Projektabbruchs wird gerade bei lange laufenden Großprojekten und euphorischen Teams tabuisiert und viel zu spät bedacht und entschieden.

3. *Projektabschluss:* Der Projektleiter stellt sicher, dass Projektziel und Ergebnis vollständig und in der vereinbarten Qualität (gemäß den Abnahmekriterien) vorliegen. Der Auftraggeber nimmt das Ergebnis formal ab und entlastet Projektleiter und Teammitglieder. In einer Projektabschlussbesprechung (Touchdown) reflektiert das Team den Projektverlauf, diskutiert und dokumentiert Erfahrungen, Erkenntnisse und Verbesserungsvorschläge (Erfahrungslernen). Im Rahmen einer Nachkalkulation wird die Planung den tatsächlichen Aufwänden, Terminen und Kosten gegenübergestellt. Die erreichten Nutzendimensionen können und sollten im späteren Verlauf zur Überprüfung der Wirtschaftlichkeitsrechnung ermittelt werden (Nutzeninkasso). Die Projektorganisation wird aufgelöst.

V. Aktuelle Entwicklungen

Folgende Trends zeichnen sich ab:

(1) Projekte gelten heute als wesentlicher Motor für die Gestaltung von Veränderungsprozessen in Unternehmen. Projekte werden sich also noch stärker an Unternehmenszielen und -strategien ausrichten. Folglich wird der Projekterfolg zunehmend am Beitrag zu den Unternehmenszielen gemessen werden. Das gilt nicht allein für das einzelne Projekt, sondern auch für die in vielen Fällen stark vernetzte Projektlandschaft. Hier gewinnt das Multiprojektmanagement an Bedeutung.

(2) Die Erfahrungen aus gescheiterten Projekten oder solchen mit erheblichem Zeitverzug und immenser Budgetüberschreitung messen einem systematischen Risikomanagement einen hohen Stellenwert zu.

(3) Einhergehend mit der Globalisierung und den verschieden Arten des

Outsourcing oder off-, near-by-shorings stellen sich neue Herausforderungen an die Führung von Projekten im internationalen und interkulturellen Kontext. Dazu gehört die Führung virtueller – über Standorte international verteilter – Projektteams. Die soziale Kompetenz aller Projektbeteiligten wird zum wichtigen Qualifikationsmerkmal.

(4) Zur kritischen Bewertung der Projektkompetenz eines Unternehmens werden in zunehmender Weise Reifegradmodelle herangezogen. Am bekanntesten hier ist das Referenzmodell CMMI des Software Engineering Institutes. Mit dem OPM3 (Organizational Project Management Maturity Model) bietet mittlerweile das PMI ein Referenzmodell speziell für das Projektmanagement.

Projektorganisation

1. *Begriff*: System der Kompetenz für die Erfüllung befristeter, komplexer Aufgaben (Projekte).

2. *Institutionalisierungsalternativen*:

a) Zusammenarbeit mit den für die permanenten Aufgaben zuständigen organisatorischen Einheiten der bestehenden Grundstruktur durch Stäbe (Stabs-Projektorganisation) oder Entscheidungseinheiten (Matrix-Projektorganisation).

b) Autonome Projekteinheiten, in denen sämtliche zur Projektrealisierung erforderlichen Kompetenzen zusammengefasst sind (reine Projektorganisation).

3. Bei der *Auswahl* einer dieser Gestaltungsalternativen sind neben den spezifischen Vor- und Nachteilen der Stab-Linienorganisation, der Matrixorganisation und der reinen Form der Projektorganisation auch die Probleme bei der (Re-)Integration des Projektpersonals in die permanente Organisationsstruktur nach Projektende zu berücksichtigen.

Prozessberatung

1. *Management Consulting:* Gegenstand der Prozessberatung ist das Business Process Redesign (BPR) bzw. die Geschäftsprozessoptimierung (Business Process Reengineering). Die Prozessberatung zielt auf Prozess-

verbesserungen in Gestalt von Qualitätsverbesserungen und/oder Prozessvereinfachungen und bedient sich dazu vielfach Methoden des Benchmarking.

2. *Organisationsentwicklung:* Problemlösungskonzept, das im Rahmen der Organisationsentwicklung (OE) angewendet wird. Die Prozessberatung basiert wie das Sensitivitätstraining auf der Grundannahme, dass die Leistungsfähigkeit von Organisationen gesteigert werden kann, wenn interpersonelle Probleme gelöst werden; dabei ist die Prozessberatung deutlich aufgabenorientierter. Typische Themenbereiche sind die Kommunikation, Beurteilungen von Funktionen und Rollen in Teams, die Analyse von Entscheidungsprozessen sowie die Analyse von Entwicklungsprozessen innerhalb und zwischen Gruppen. Ansprechpartner der Prozessberatung sind Individuen (z. B. Manager) und auch Gruppen. Die Rolle der Beratenden besteht darin, im Sinne einer Hilfe zur Selbsthilfe in Zusammenarbeit mit den Klienten Prozesse zu durchleuchten, sodass diese ihre Probleme selbstständig angehen und lösen können.

Risikomanagement

I. Begriff und Bedeutung des Risikomanagements als Führungsaufgabe

Risiken sind untrennbar mit jeder unternehmerischen Tätigkeit verbunden und können den Prozess der Zielsetzung und Zielerreichung negativ beeinflussen. Sie resultieren ursachenbezogen aus der Unsicherheit zukünftiger Ereignisse – wobei dies regelmäßig mit einem unvollständigen Informationsstand einhergeht – und schlagen sich wirkungsbezogen in der Möglichkeit negativer Abweichungen von einer festgelegten Zielgröße nieder. Werden Risiken nicht rechtzeitig erkannt und bewältigt, können sie die erfolgreiche Weiterentwicklung der Unternehmung gefährden, sogar in Krisen im Sinne von überlebenskritischen Prozessen einmünden.

Risikomanagement im weiteren Sinn beinhaltet den Umgang mit allen Risiken, die aus den Führungs- und Durchführungsprozessen in einer Unternehmung entstehen können und beschränkt sich nicht nur auf die Handhabung versicherbarer Risiken (Insurance Management). Während die Unternehmungsführung grundsätzlich die Realisierung der generellen Unternehmungsziele verfolgt, will das generelle Risikomanagement als ein Bestandteil der Führung eine Abweichung von diesen Zielen verhindern.

Die Notwendigkeit eines Risikomanagements ergibt sich aus einer Reihe gesetzlicher Bestimmungen (z. B. Bilanzrechtsmodernisierungsgesetze, BilMoG und BilReg, Sarbanes-Oxley-Act, TransPuG, Mindestanforderungen an das Risikomanagement MARisk (BA), IFRS), aus Anforderungen des Deutschen Corporate Governance Kodex (DCGK), aus dem IDW PS 340 sowie den DIN ISO Normen 31000. In besonderer Weise ist die Bedeutung eines institutionalisierten Risikomanagements durch die Regelungen des 1998 in Kraft getretenen Gesetzes zur Kontrolle und Transparenz im Unternehmensbereich (KonTraG) hervorgehoben. So hat der Vorstand bzw. die oberste Führung in vergleichbaren Gesellschaftsformen nach § 91 II AktG „geeignete Maßnahmen zu treffen, insbesondere ein Überwachungssystem einzurichten, damit den Fortbestand der Ge-

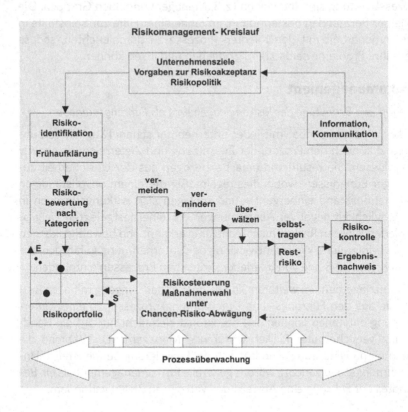

sellschaft gefährdende Entwicklungen früh erkannt werden". Diese Verpflichtung als Teil des Compliance Managements (Compliance) umfasst die Einrichtung sowie den Betrieb eines Risikomanagementsystems, dessen Prozess sich am allgemeinen Führungsprozess orientiert und in einzelne Phasen unterteilbar ist.

II. Prozess des Risikomanagements

Grundsätzlich lassen sich die vier Phasen der Risikoidentifikation, Risikobewertung, Risikosteuerung und Risikokontrolle unterscheiden, begleitet durch eine Risikopolitik und eine Prozessüberwachung (vgl. Abbildung „Risikomanagement-Kreislauf").

Ausgangspunkt und zugleich Rahmen eines jeden Risikomanagements sollte die Formulierung einer unternehmungsspezifischen Risikopolitik sein. Diese berücksichtigt den Sicherheitsgedanken in der Unternehmung, indem sie die Grundsätze für den Umgang mit Risiken – aber auch mit Chancen – vorgibt und sowohl auf Bereichsebene als auch auf Gesamtunternehmungsebene festlegt, in welchem Verhältnis Chancen und Risiken eingegangen werden dürfen und welche maximalen Risikoausprägungen in Kauf genommen werden sollen.

Die Phase der Risikoidentifikation umfasst die Sammlung aktueller und zukünftiger (potenzieller und latenter) Risiken. Sie stellt dadurch den wichtigsten Schritt im Rahmen des Risikomanagements dar, denn ihr Ergebnis ist entscheidend für die in allen nachfolgenden Prozessschritten ablaufenden Tätigkeiten. Instrumente, die zur Identifikation von Risiken eingesetzt werden können, sind neben Analysen (Unternehmungsanalyse, Umfeldanalyse) und Prognosen (insbesondere Szenariotechnik) vor allem die Frühaufklärung. Letztere hat neben einer frühzeitigen Erfassung verdeckt bereits vorhandener Risiken auch eine Ortung latenter Chancen sowie die Sicherstellung der Einleitung entsprechender Maßnahmen zur Risiko-/Chancensteuerung zum Inhalt. Sie kann operativ – auf Basis von Kennzahlen, Hochrechnungen und Indikatoren – sowie strategisch – auf Basis von „Weak Signals" – ausgerichtet sein.

Um eine Auswirkung auf die Unternehmung abschätzen zu können, müssen die identifizierten Risiken bewertet werden. Die Bewertung erfolgt üblicherweise in den Dimensionen der Eintrittswahrscheinlichkeit (E) und der möglichen Schadenshöhe (S) bei Eintritt. Kann wegen mangelnder Datenbasis keine quantitative Einschätzung (z. B. über Risikomaße wie den Value-at-Risk oder Cash-Flow-at-Risk) erfolgen, müssen die Risiken anhand von qualitativen Größen umschrieben werden. Eine Visualisierung durch Risikoportfolios erweist sich dabei hilfreich. Wichtig erscheint im Rahmen der Bewertung ferner die Analyse und Beurteilung des Zusammenwirkens einzelner Risiken auf die Unternehmung. Nicht selten ergeben sich nämlich aus einer Interaktion wenig bedeutsamer Einzelrisiken im Ergebnis bestandsgefährdende Risiken, die andere Maßnahmen der Risikosteuerung erfordern (Unternehmungskrise).

Im Rahmen der Risikosteuerung müssen Möglichkeiten gefunden werden, die eine Reaktion auf das identifizierte und bewertete Risikospektrum erlauben und gleichzeitig im Einklang mit der festgelegten Risikopolitik stehen. Durch unterschiedliche Strategien und Maßnahmen soll aktiv versucht werden, das Verhältnis von Chancen und Risiken auszugleichen und die Risikostrategie an die Gesamtunternehmungsstrategie anzupassen. Dabei stehen einer Unternehmung grundsätzlich vier verschiedene Steuerungsmöglichkeiten zur Auswahl: Vermeidung mit gleichzeitigem Geschäftsverzicht, Verminderung, Überwälzung z. B. auf eine Versicherung oder das Selbsttragen des Risikos.

Die Risikokontrolle soll gewährleisten, dass die tatsächliche Risikosituation der Unternehmung mit der geplanten Risikoprofilsituation übereinstimmt. Zur Unterstützung der Kontrolle ist es sinnvoll, ein Berichtswesen in der Unternehmung zu implementieren, das die Risikosituation aufzeigt, die Risiken im Zeitablauf darstellt und einen Gesamtüberblick ermöglicht.

Der Prozess des Risikomanagements unterliegt einer – im KonTraG gleichfalls vorgesehenen – Überwachung, die üblicherweise von der internen Revision (Compliance) als neutrale Prüfungsinstanz in der Unternehmung vorgenommen wird. So wird die Qualität und Funktionsfähigkeit des Risikomanagements sowie die Adäquanz der eingesetzten Risikomanagement-Instrumente überwacht und sichergestellt.

Prozessbegleitend ist eine Risikokommunikation im Unternehmen erforderlich, die eine rechtzeitige Weiterleitung der relevanten Informationen an die jeweils Verantwortlichen sicherstellt und das Risikobewusstsein in der Unternehmung stärken soll.

III. Institutionalisierung

Risikomanagement als Institution kennzeichnet den oder die Träger dieser Führungstätigkeit. Organisatorisch kann das Risikomanagement in einer separaten (Zentral-)Abteilung oder innerhalb eines anderen Aufgabenbereichs (z. B. Controlling) verankert sein. Die letztendliche Gesamtzuständigkeit und Gesamtverantwortung für das Risikomanagement bleibt jedoch zwingend bei der obersten internen und externen Führung.

IV. Anwendungsstand

Während im Rahmen von (börsennotierten) Großunternehmungen von einem flächendeckenden Vorhandensein eines institutionalisierten Risikomanagements ausgegangen werden kann, erscheint im deutschen Mittelstand diesbezüglich noch erheblicher Nachholbedarf zu bestehen. So verfügen – nach einer Umfrage im Jahr 2011 – etwa 50 % der mittelständischen Unternehmungen noch nicht über ein ausreichend institutionalisiertes Risikomanagementsystem und sehen den Aufbau sowie den Betrieb eines solchen Systems eher als eine Aufgabe der operativen Bereiche, weniger dagegen als eine Aufgabe der obersten Führung (Vorstand, Geschäftsführung). Eine Studie der DAX30-Unternehmen aus dem Jahr 2010 kommt hingegen zu dem Ergebnis, dass zwei Drittel der Unternehmungen dem zentralen Risikomanagement eine so große Bedeutung einräumen, dass Risikomanagementstellen oder Abteilungen existieren, die ausschließlich mit Risikomanagementaufgaben betraut sind und dabei überwiegend als Abteilung direkt unter dem Vorstand organisiert sind.

Real Time Strategic Change

Abkürzung *RTSC*, methodischer Consulting-Ansatz zum schnellen Wandel mit Großgruppen, wobei Veränderungen bereits während einer Konferenz stattfinden, auf der sie angekündigt und diskutiert werden. Der Ablauf der Konferenz folgt einem Drei-Phasen-Modell, wobei wiederum in jeder Phase verschiedene Methoden zum Einsatz kommen. Die drei Phasen lauten:

(1) Aufrütteln: Chancen und Probleme erkennen;

(2) Zieldefinition: Gemeinsame Informationsbasis schaffen und Vision für die Zukunft entwickeln;

(3) Wandel: Zusammenarbeit verbessern und erste Schritte tun.

Der Moderator bzw. Unternehmensberater hat im Rahmen der Konferenz keine Expertenfunktion, er fungiert vielmehr als Lotse. RTSC hat sich in der Organisationsberatung der letzten Jahre als ein Verfahren zur Leitung und Moderation von Großgruppen etabliert.

Return on Consulting

1. *Begriff:* ROC bezeichnet die Wertschöpfung, d. h. den messbaren wirtschaftlichen Ertrag eines Consulting-Projektes bzw. des Beraternutzens. Er resultiert generell aus der wirkungsvollen Kombination interner und externer Kompetenzen. Vier Faktoren tragen zum Projekterfolg bei:

(1) Klarheit über Ziel und Fokus des Projekts;

(2) Ausschöpfung interner und externer Ressourcen zur Generierung neuer Erkenntnisse;

(3) Erreichung konkreter Konzepte zur realen Umsetzung;

(4) Entschlossenheit und Kompetenz zur Implementierung.

2. *Anwendung:* Die Berechnung des ROC erfolgt auf Basis des bewerteten Nutzens aus der Durchführung eines Beratungsprojektes, der zu den Kosten des Beratungsprojektes in Beziehung gesetzt wird. Diese Beziehung kann als Differenz in absoluten Größen oder als Prozentangabe dargestellt werden. Beispiele für einen erzielten finanziellen Nutzen sind dabei einmalige oder regelmäßige Kosteneinsparungen für das Unternehmen, zusätzliche Margen aus erzieltem Umsatzwachstum oder höhere Gewinne durch schnellere Einführung neuer Produkte. Auf der Kostenseite müssen neben den direkten Beraterkosten auch entstandene Sachkosten und interne Personalkosten oder eventuelle Opportunitätskosten in der Rechnung angesetzt werden (Projektbudget).

3. *Bedeutung:* Als Kennzahl zur Analyse der Rentabilität kann der ROC als Entscheidungsparameter bezüglich neuer Projekte dienen. Idealerweise

wird der abschätzbare ROC bereits vor Projektübernahme berechnet. Dies ist insbesondere dann aufschlussreich, wenn zwischen verschiedenen alternativen Projekten entschieden werden muss (Multiprojektmanagement). Entspricht der erzielte ROC nicht dem vorausberechneten, müssen die Ursachen für die Abweichungen analysiert werden. Zur Abschätzung des durch ein umfangreiches Beratungsprojekt erzielbaren ROC kann es ratsam sein, ein Pilotprojekt voranzustellen.

4. *Rolle des Beraters:* Beratungsprojekte, besonders solche mit einem hohen Komplexitätsgrad (z. B. Strategieentwicklung, Restrukturierung, Post-Merger-Integration) können nur in enger Zusammenarbeit von Berater und Klienten, zumeist durch die Einsetzung gemeinsamer Arbeitsteams, bewältigt werden. Die Wertschöpfung des Beraters besteht in der Einbringung von Erfolgskomponenten, über die der Klient im eigenen Unternehmen nicht verfügt und die er nur schwer beschaffen kann (Menschen, Erfahrungen, besondere Kompetenzen). Zu den besonderen Kompetenzen des Beraters sind zu zählen: Fähigkeit zu innovativen Denkanstößen, Herausforderung zu radikalem Denken, Erzeugung von Veränderungsbereitschaft und Beherrschung des Projektmanagements.

© Springer Fachmedien Wiesbaden GmbH, ein Teil von Springer Nature 2019
Springer Fachmedien Wiesbaden (Hrsg.), *77 Keywords Consulting*,
https://doi.org/10.1007/978-3-658-23654-0_10

Sanierungsberatung

Consulting-Segment zur Bewältigung einer Unternehmenskrise. Sanierung ist ein komplexer Prozess und bedarf einer strukturierten Vorgehensweise, da Störungen und Konflikte ein Unternehmen in seinem Bestand und am Markt gefährden können. Insbesondere der hohe Zeitdruck und die damit einhergehende Abnahme des Handlungsspielraums erfordern ein krisenspezifisches Handeln. Die Zerlegung des Prozesses der Sanierung in einzelne Schritte bzw. Phasen verringert die Komplexität der Aufgabe. Die einzelnen Phasen sind jedoch nicht als strenge zeitliche Abfolge zu interpretieren, sondern geben vielmehr die logische Ordnung für ein planvolles Vorgehen im Rahmen der Krisenbewältigung vor. In einer strategischen Krise besteht beispielsweise deutlich mehr Zeit für eine ausführliche Analyse der Ausgangslage als in einer Liquiditätskrise.

Sieben-S-Modell

1. *Begriff:* Modell eines Unternehmens mit sieben Kernvariablen, die für die Gestaltung des Unternehmens wesentlich sind und zugleich Ansatzpunkte für Interventionen vonseiten einer Beratung bieten.

2. *Die Variablen:*

(1) Die *Strategie* (Strategy) umfasst alle Maßnahmen, die dazu dienen sollen, einen nachhaltigen Wettbewerbsvorteil zu generieren, d.h. etwa auch eine systematische Ressourcenallokation (Strategieberatung).

(2) Die *Struktur* (Structure), d.h. die Aufbauorganisation des Unternehmens, zeigt auf, wer an wen zu berichten hat und wie Aufgaben unterteilt und delegiert werden.

(3) Die *Systeme* (Systems) bilden den Rahmen für die Prozesse, die im gewöhnlichen Geschäftsverkehr/Tagesgeschäft ablaufen, beispielsweise Informationssysteme, Budgetierung, Fabrikationsprozesse, Qualitätskontrolle und Messung der Leistungserfüllung.

(4) Die *Unternehmenskultur* (Style) enthält einerseits Elemente, die durch das Management vorgegeben bzw. vorgelebt werden, andererseits aber auch solche, die sich im Unternehmen historisch entwickelt haben.

(5) Die *Menschen/Mitarbeiter* (Staff) bedingen die Ausgestaltung des Personalwesens sowie die Demografie des Unternehmens.

(6) Die *gemeinsamen Werte* (Shared Values) bestimmen die grundlegende Ausrichtung des Unternehmens. Gemeint sind Werte und Fähigkeiten, die beispielsweise unter Einbeziehung von Zielvereinbarungen die weitere Unternehmensentwicklung betreffen. Diese Werte müssen von möglichst vielen Mitarbeitern geteilt werden.

(7) Die *Fähigkeiten* (Skills) im Sinne des Modells sind die charakteristischen Fähigkeiten, die das Unternehmen als Ganzes am besten beherrscht (Corporate Skills).

3. *Harte und weiche Variablen:* Die Variablen sind teils hart und teils weich. Die harten Variablen sind in der Regel greifbar und im Unternehmen konkret dargelegt. Sie sind beispielsweise anhand von Strategiepapieren, Unternehmensplänen, Unternehmensdarstellungen oder Organigrammen nachvollziehbar. Die weichen Variablen sind dagegen kaum materiell greifbar. Fähigkeiten, gemeinsame Werte und kulturelle Elemente entwickeln sich in einem Unternehmen ständig fort.

Die Effektivität einer Organisation liegt in der Interaktion der verschiedenen Faktoren - so die zentrale Idee des Modells, das im Übrigen auch unter der Bezeichnung McKinsey-7-S bekannt ist (die beiden maßgeblichen Urheber, Thomas J. Peters und Robert H. Waterman waren seinerzeit als Berater bei McKinsey & Company tätig).

Strategie

I. Unternehmensplanung

1. *Begriff:* Vor allem im strategischen Management: Strategie wird definiert als die grundsätzliche, langfristige Verhaltensweise (Maßnahmenkombination) der Unternehmung und relevanter Teilbereiche gegenüber ihrer Umwelt zur Verwirklichung der langfristigen Ziele.

2. *Merkmale:* Eine Strategie trifft Aussagen zu den folgenden vier Bereichen:

(1) dem Tätigkeitsbereich, d.h. dem Ausmaß der Umweltbeziehungen der Unternehmung (Scope/Domain),

(2) den Ressourcen der Unternehmung und den damit verbundenen Fähigkeiten, die strategischen Ziele zu erreichen (Distinctive Competence),

(3) den Wettbewerbsvorteilen der Unternehmung (Competitive Advantage) und

(4) der Synergien, die durch die strategischen Entscheidungen entstehen können.

II. Entscheidungs-/Spieltheorie

Satz von Regeln, deren Beachtung die Wahrscheinlichkeit für das Auftreten eines gewünschten Ereignisses erhöhen soll. In der Entscheidungstheorie Aktion in einer mehrstufigen Entscheidung, bestehend aus aufeinanderfolgenden Maßnahmen über alle betrachteten Teilperioden; in der Spieltheorie ein Spielplan, nach dem ein Spieler seine Auswahlmöglichkeiten für jeden Spielzug bestimmt.

Strategieberatung

I. Gegenstand

Als Spezialgebiet der klassischen Unternehmensberatung beinhaltet die Strategieberatung die Unterstützung eines Unternehmens oder einer Organisation bei der Behandlung strategischer Fragestellungen. Diese betreffen die Überprüfung, Weiterentwicklung oder Neuentwicklung von Zielrichtungen, Konzepten und Maßnahmen einschließlich der Gestaltung gesamthafter Geschäftsmodelle. Strategieentwicklung ist immer auf die Zukunft gerichtet. Sie basiert einerseits auf Erwartungen betreffend das Unternehmensumfeld (z.B. Märkte, Technologie, Wettbewerb, gesetzlicher Rahmen usw.) und andererseits auf grundsätzlichen und umfassenden Zielsetzungen für das Unternehmen (z.B. Fortbestand, Marktposition, Kapitalrendite, Shareholder Value).

Es handelt sich um einen Prozess von Analyse, Interpretation und kreativer Gestaltung, in dem Rationalität und Intuition zusammenwirken. Nicht jede Strategie wird systematisch entwickelt. Gezielte Strategieentwicklung erfordert einerseits die Bereitschaft zu dezidiertem strategischem Handeln, andererseits ein breites Spektrum fachlicher Kompetenzen und Erfahrungen (z.B. Branchenerfahrungen). Diese Voraussetzungen können in einem Unternehmen ganz oder teilweise fehlen. Hieraus ergibt sich der Ansatzpunkt und vielfach die Notwendigkeit der Strategieberatung.

II. Anlässe der Strategieberatung

Die Hinzuziehung von Strategieberatern resultiert aus dem Bedürfnis von Firmenleitungen, eine unvoreingenommene Perspektive für das Unternehmen zu gewinnen und eventuell divergierende Auffassungen über die Weiterentwicklung des Unternehmens zu überwinden. Dabei ergeben sich unterschiedliche Aufgabenstellungen.

Überprüfung bestehender Strategien: Unternehmen befinden sich zu jeder Zeit in einer bestimmten strategischen Position und handeln in strategisch relevanter Weise. Bewusst oder unbewusst verfolgte Strategien stellen nicht zwingend ein Optimum dar. Zu überprüfen ist ihre Stichhaltigkeit in Bezug auf Umfeld und Unternehmensziel sowie ihre Konsistenz und innere Widerspruchsfreiheit. Die Überprüfung kann durch negative Entwicklungen (z. B. rückläufige Geschäftsentwicklung, sinkende Erträge, unbefriedigende Kapitalverzinsung), aber auch durch neue Geschäftsideen im Unternehmen ausgelöst werden. Auch das Anstehen bedeutender Investitionen kann Anlass einer Überprüfung sein.

Weiterentwicklung/Anpassung von Strategien: Die Notwendigkeit zur strategischen Weiterentwicklung oder Anpassung (Strategic Redesign) ergibt sich aus externen oder internen Veränderungen. Das externe Umfeld des Unternehmens verändert sich stetig oder sprunghaft (z. B. Marktsättigung, Auftreten neuer Technologien, neuer Gesetze und Wertvorstellungen, neuer Wettbewerber). Intern kann die Verfügbarkeit neuer oder zusätzlicher Ressourcen (z. B. Erfindungen, verfügbar werdender Cashflow) ebenso wie ihr Wegfall (z. B. Auslaufen von Patenten, Verlust wichtiger Mitarbeiter, Wegfall von Betriebsgenehmigungen usw.) Anlass zu expansiver oder kontraktiver Umorientierung geben.

Neuentwicklung von Strategien: Die Notwendigkeit für einen strategischen Neuanfang (Strategic Renewal) ergibt sich bei der Neugründung von Unternehmen, im Zusammenhang mit Fusionen oder Übernahmen sowie vielfach nach einem Eigentümerwechsel. In diesen Fällen wird häufig eine Neudefinition des allgemeinen Unternehmensziels erforderlich, die eine strategische Neupositionierung im Markt und eine Anpassung der Wertschöpfungskette nach sich zieht.

III. Ebenen der Strategieberatung

Auf den verschiedenen Unternehmensebenen stellen sich unterschiedliche strategische Aufgaben, die mit jeweils entsprechenden gedanklichen Ansätzen zu bearbeiten sind. Der Berater muss je nach Strategieebene über spezifische Kenntnisse und Erfahrungen verfügen.

Unternehmensstrategie (Corporate Strategy): Auf der obersten Unternehmensebene (z. B. Konzernebene) sind insbesondere folgende strategische Fragen zu entscheiden:

(1) Festlegung der Grundwerte des Unternehmens und Formulierung einer unternehmerischen Vision (Strategic Intent);

(2) Festlegung/Aktualisierung und Quantifizierung gesamthafter und übergreifender Unternehmensziele;

(3) Auswahl und Gewichtung der einzubeziehenden Geschäftsfelder (Geschäftsportfolio);

(4) Zielsetzungen bzw. Mission der einzelnen Geschäftseinheiten im Unternehmensverbund;

(5) Prüfung und Genehmigung der nachgeordneten individuellen Geschäftsstrategien,

(6) Übergreifende Zuteilung von Mitteln für die einzelnen Geschäftseinheiten (Allocation of Resources).

Wichtige Arbeitsbereiche der Entwicklung von Unternehmensstrategien sind: Analyse von Trends und Diskontinuitäten, Entwicklung von Branchen- und Umfeldszenarien, Beurteilung der internen Kernkompetenzen, Portfolio- Analyse und -management, Wertmanagement, Allianzen, Übernahmen, Zusammenschlüsse.

Geschäftsstrategie (Business Strategy): Auf der Ebene selbstständig planender und operierender Geschäftseinheiten ergeben sich vor allem folgende strategische Fragestellungen:

(1) Positionierung der Geschäftseinheit im Verhältnis zum Wettbewerb;

(2) Auswahl der fokussiert zu bearbeitenden Marktsegmente;

(3) Definition und Bewertung strategischer Optionen;

(4) Entscheidung für/gegen eine zu verfolgende Geschäftsstrategie und ein Erfolg versprechendes Geschäftsmodell;

(5) Definition der zur Durchsetzung erforderlichen internen Wertschöpfung;

(6) Prüfung der Machbarkeit (Feasibility Study);

(7) Quantifizierung der angestrebten Ergebnisse im Zeitablauf (Business Plan);

(8) Ausarbeitung von Aktionsplänen zur Umsetzung.

Wichtige Arbeitsbereiche der Entwicklung von Geschäftsstrategien sind die Analyse von Branchen- und Technologietrends, die Bewertung branchenspezifischer Marktkräfte (Nachfragestruktur, Lieferantenstruktur, Wettbewerber, Substitutionsrisiken) sowie die Einschätzung von Produktlebenszyklen.

Funktionale Strategie: Entscheidungen auf der funktionalen Ebene innerhalb der Wertschöpfungskette eines Unternehmens sind der Unternehmens- und der Geschäftsstrategie nachgeordnet. Sie können aber im Hinblick auf Effizienz, Kosten oder Kapitalbindung besondere strategische Bedeutung erlangen und die Voraussetzung für besondere Wettbewerbsvorteile und die Entwicklung neuartiger Geschäftsmodelle schaffen. Wichtige Fragestellungen sind z. B.:

(1) Konformität interner Prozesse mit den Anforderungen der Geschäftsstrategie (z. B. Kosten, Effizienz, Schnelligkeit);

(2) Grad der Produktivität und Kosteneffizienz (z. B. Forschung und Entwicklung, Kundenbeziehungen);

(3) Optimierung der Wertschöpfungstiefe (z. B. Fremdvergabe);

(4) Generierung von zusätzlichem Kundennutzen durch Einsatz überlegener Systeme (z. B. Vernetzung mit Kunden und Lieferanten).

Wichtige Arbeitsbereiche der funktionalen Strategieentwicklung können sein: Prozess-Reengineering, industrieübergreifende Vergleiche (Cross Industry Functional Benchmarking (CIFB)), Outsourcing/Insourcing, Nutzung von Erfahrungskurven usw.

IV. Vorgehen der Strategieberatung

Strategieberatung folgt grundsätzlich dem allgemeinen Muster von Beratungsprojekten. Ausgehend von einer Lagebeurteilung werden Handlungsoptionen erarbeitet, geprüft und einer Auswahl unterworfen. Die Umsetzung der gewählten Variante wird vorbereitet, später die Implementierung im Unternehmen begleitet und unterstützt. Spezifische Ausprägungen und Erfordernisse ergeben sich aus der Vielschichtigkeit strategischer Fragestellungen.

Klärung der Strategieebene/Projektfokus: Auch bei Anstoß durch das Unternehmen kommt i. d. R. dem Berater die Aufgabe der eindeutigen Projektformulierung zu. Hierzu gehört bereits in der Akquisitionsphase die Klärung der Strategieebene, auf der sich das Projekt bewegen soll. Sofern Fragestellungen verschiedener Ebenen gleichzeitig aufgeworfen werden, ist die Reihenfolge ihrer Behandlung mit dem Klienten zu vereinbaren. Die gedankliche Hierarchie deutet darauf hin, dass in derartigen Fällen die Unternehmens- bzw. Konzernebene Vorrang vor der Geschäftsebene und der funktionalen Ebene hat. Ein Top-down-Denkansatz ist dennoch nicht zwingend, da beispielsweise das Auftreten neuer Wettbewerber oder neuer Geschäftsmodelle die Überprüfung der gesamten Unternehmensstrategie (z. B. der Portfoliostrategie) auslösen kann. Dessen ungeachtet muss für jedes Projekt ein inhaltlicher Fokus gefunden werden. Dies schließt nicht aus, dass Strategieberatung mehrere Stufen durchläuft und dass mit neuen Erkenntnissen auch Verschiebungen des Projektfokus einvernehmlich vorgenommen werden können.

Unternehmensziele: Strategieentwicklung setzt das Vorhandensein von Unternehmenszielen voraus. Beratung impliziert daher die grundsätzliche Klärung dieser Ziele und häufig auch ihre Neuformulierung im Dialog mit der Unternehmensführung vor der endgültigen Definition des Projektes.

Dieser Prozess kann sich in der Praxis wiederholen, falls aufgrund strategisch relevanter Informationen eine Zielkorrektur sinnvoll wird.

Strategieberatung kann auch Anlass zur Revision von Unternehmenszielen im Licht einer vorhandenen Vision sein.

Auswahl relevanter Informationen: Aus der Sicht des Beraters und Projektmanagers ist es erforderlich, rasch Klarheit über die vorhandene bzw. notwendige Informationsbasis zu gewinnen. Schlüsselinformationen werden zusammengestellt, auf ihre Relevanz geprüft und zu einer Situationsbeschreibung zusammengeführt. Eventuelle Fehlinterpretationen sind frühzeitig zu eliminieren. Im Einvernehmen mit dem Klienten wird eine gemeinsame Wissensbasis für die strategische Analyse etabliert.

Analyse der strategischen Ausgangslage: In dieser Phase wird vor allem die methodische Kompetenz des Beraters in Anspruch genommen. Unter externem Blickwinkel bezieht sich die Analyse auf die Position des Unternehmens im wirtschaftlichen Umfeld, die Stellung und das Verhalten der Wettbewerber, die Machtverhältnisse von Kunden und Lieferanten, die Möglichkeit des Auftretens neuer Marktteilnehmer oder von Substitutionsprodukten. Die interne Analyse bezieht sich auf die Kosten- und Ertragsposition des Unternehmens, vorhandene Kernkompetenzen, die Sinnfälligkeit seiner Wertschöpfungskette in Bezug auf Markterfordernisse und Zielgruppen, die Bewertung einzelner Geschäftsbereiche usw. In dieser Phase sind auch zu erwartende konjunkturelle Verläufe sowie strukturelle Trends bzw. Brüche zu erfassen (z. B. weltwirtschaftliche Entwicklungen, demografische Veränderungen, Tendenzen im Kundenverhalten) und gegebenenfalls zu Szenarien zu verdichten (Szenarioanalyse).

Strategieentwicklung im engeren Sinn: Vor dem Hintergrund der Position des Unternehmens werden strategische Denkansätze im Sinn von Handlungsentwürfen entwickelt. Dem Berater und Projektmanager obliegt es, vorhandene Ideen zu sammeln, weitere Ideen einzubringen und durch geeignete Veranstaltungen (z. B. Brainstorming-Workshops) das Generieren neuer Ideen zu unterstützen. Der innovative Gehalt einer künftigen Strategie wird in dieser Projektphase begründet. Soweit die generierten Ideen sich zu konkreten Handlungsoptionen verdichten, sind sie qualitativ und quantitativ zu bewerten und einer Auswahl zu unterziehen. Die Entwicklung von Auswahlkriterien erfolgt mit Blick auf die Unternehmensziele im Dialog mit der Unternehmensleitung. Alle Handlungsalternativen werden an den Kriterien gemessen, die im Sinne eines Filters die zweckdienlichsten Optionen erkennen lassen. In dieser Phase kann der Berater Erfahrungen sinnvoller Operationalisierung einbringen. Bei Vorliegen mehrerer plausibler Zukunftsszenarien wird es notwendig, alle Handlungsalternativen vor deren Hintergrund durchzuspielen und so auf ihre Robustheit und ihr gesamthaftes Wertsteigerungspotenzial zu überprüfen.

Entscheidung: Die verantwortliche Entscheidung zugunsten einer strategischen Option obliegt der Unternehmensführung. Der Berater muss

aber bereit und in der Lage sein, Empfehlungen abzugeben und diese
nachvollziehbar quantitativ und qualitativ zu begründen. In jedem Fall
obliegt es ihm, die systematische Entscheidungsvorbereitung sicherzu-
stellen. Hierzu gehört in erster Linie die finanzielle Bewertung jeder Alternative, im Fall einer Geschäftsstrategie etwa in Form eines Geschäfts-
plans (Business Plan). Mögliche Risiken (z. B. das Nichteintreten von
Annahmen, Gegenreaktionen von Wettbewerbern) werden in ihren
möglichen Auswirkungen als Varianten berücksichtigt. Falls mehrere
Zukunftsszenarien in Betracht gezogen werden, sind deren Parameter
zu einer weiteren Auffächerung der zu erwartenden Ergebnisse einzu-
setzen. Schließlich ist die reale Umsetzbarkeit jeder Variante zu prüfen.
Die systematische Entscheidungsvorbereitung führt nicht zu einer Ver-
ringerung der Ungewissheit über die Zukunft, ermöglicht jedoch, die
Bandbreite möglicher Folgen einzugrenzen.

V. Implementierung

Die Entwicklung jeder Strategie hat ihre Umsetzung im Unternehmen und
die Durchsetzung im Markt zum Ziel. Der Erfolg hängt einerseits von der
Entschlossenheit des verantwortlichen Managements, andererseits von
der Beachtung spezifischer Erfordernisse ab. Der Vorgang kann durch beratende Unterstützung abgesichert, erleichtert und beschleunigt werden,
wobei methodische Kompetenz und (zum Teil auch branchenübergreifen-
de) Erfahrung den wesentlichen Nutzen stiften. Die Implementierung einer neuen oder abgewandelten Strategie erfordert im Unternehmen einen
Veränderungsprozess. Sie kann scheitern, wenn die Strategie im Unternehmen nicht verstanden und akzeptiert wird. Hieraus resultiert interner
Kommunikations- und Schulungsbedarf. Auf das Instrumentarium des
Change Managements wird verwiesen.

Die Gesamtstrategie muss ferner in Einzelziele und -aufgaben aufgefä-
chert werden, um wirksam werden zu können. Dies bindet qualifizierte
Managementkapazität, die durch den Einsatz der seit dem Entwicklungs-
stadium involvierten Strategieberater wirksam ergänzt werden kann. Die
Umsetzung der Strategie im Unternehmen muss letztendlich durch das
Handeln der Mitarbeiter in ihren jeweiligen Kompetenzbereichen erfol-
gen. Es hat sich herausgestellt, dass dieser Effekt durch Zielvorgaben (z. B.
Budgets) nur mangelhaft erreicht werden kann. Es gilt vielmehr, quantita-

tive Ziele mit qualitativem Handeln zu kombinieren und die Eigeninitiative und Kreativität der Mitarbeiter in die strategisch gewollte Richtung zu lenken. Eine erfolgreiche Methode wurde unter der Bezeichnung Balanced Scorecard (BSC) bekannt. Sie beinhaltet die Abstimmung einzelner Ziele und Maßnahmen mit der Unternehmensstrategie und ermöglicht die Kontrolle strategiegerechten Handelns. Die Einführung und Nutzung dieser Instrumente gilt inzwischen als fester Bestandteil der Strategieberatung.

Strategische Grundhaltung

Teilaspekt der unverwechselbaren, historisch gewachsenen Identität eines Unternehmens, bedingt durch einen „Kern " grundlegender Eigenschaften, der sich aus dem Vergleich der strukturellen Gegebenheiten, der Unternehmensverfassung, der Unternehmenspolitik sowie der Unternehmenskultur mit denen anderer Unternehmen ergibt. Erste Stufe eines Strategienfächers.

Strategische Grundhaltung

Grundhaltung zur Spezialisierung

	Spezialist	Generalist
konser-vativ	Vertei-diger	Risiko-Streuer
	Architekt	
pro-gressiv	Inno-vator	Pros-pektor

Haltung gegenüber Neuerungen

außerhalb: Reagierer

Ein *Beispiel* für eine der strategischen Grundhaltungen, bezogen auf die Definition des Geschäfts (Primärbereich) eines Unternehmens, ist aus der vereinfachten Typologie der Abbildung zu entnehmen.

Strategische Kontrolle

1. *Begriff:* Überwachung der Durchführung der strategischen Programme (Plan- bzw. Durchführungskontrolle) sowie Überprüfung der weiteren Gültigkeit der gesetzten Planannahmen (Prämissenkontrolle). Letztere sollte antizipativ erfolgen, wozu sie durch strategische Frühaufklärung unterstützt werden kann. Planung und Kontrolle können zeitlich gleichlaufende Prozesse sein.

2. *Einordnung:* Phase im Ablaufprozess eines strategischen Managements; Teilaufgabe einer strategischen Steuerung.

3. *Arten:*

a) Direkte strategische Kontrolle: Es wird unmittelbar untersucht, ob die Aussagen der strategischen Programme erfüllt werden bzw. weiterhin als erfüllbar erscheinen.

b) Indirekte strategische Kontrolle: Die operativen Maßnahmen werden hinsichtlich der Erreichung des strategisch Gewollten überprüft.

4. Beziehung zwischen strategischer Kontrolle und operativer Kontrolle: Kontrollinformationen, die im Rahmen des operativen Kontrollprozesses auch für die aus dem strategischen Programm abgeleiteten Maßnahmen gewonnen werden zieht man heran, um zu überprüfen, ob angesichts dessen, was im operativen Geschäft bereits erreicht wurde (oder noch für erreichbar gehalten wird), die mit dem strategischen Programm verbundenen Erwartungen realistisch waren und weiterhin sinnvoll aufrechterhalten werden können.

Strategisches Management

1. *Zentrale Fragen:* Strategisches Management stellt sich der Frage, warum einige Unternehmungen in einer Branche erfolgreich sind und andere nicht. Jede Unternehmung muss im heutigen Wettbewerb folgende zentrale Fragen beantworten:

(a) Welche langfristigen Ziele sollen wir verfolgen?

(b) In welchen Geschäftsfeldern wollen wir tätig sein?

(c) Mit welchen langfristigen Maßnahmen wollen wir den Wettbewerb in den Geschäftsfeldern bestreiten?

(d) Was sind unsere Kernfähigkeiten, mit denen wir im Wettbewerb bestehen können?

(e) Was müssen wir tun, um unsere langfristigen Maßnahmen umzusetzen? Diese Fragen stehen im Mittelpunkt eines strategischen Managements. So beschäftigt sich, vereinfacht gesagt, das strategische Management mit der Planung und Umsetzung von Strategien in Unternehmungen.

2. Kennzeichen: Die Verfolgung einer einmal eingeschlagenen Strategie ist nicht unbedingt Garant für den zukünftigen Erfolg:

(a) Größe und Marktanteil sind keine Sicherheit für einen langfristigen Erfolg;

(b) Kernfähigkeiten, die zu einem Zeitpunkt den strategischen Erfolg einer Unternehmung begründen, verlieren im Zeitverlauf ihre Relevanz;

(c) Junge, stark wachsende Märkte verändern ihre Spielregeln in dynamischen Sprüngen. Damit wird der strategische Erfolg einer Unternehmung in Zukunft weniger von ihren gegenwärtigen Produkten bestimmt, als vielmehr von ihrer Fähigkeit, die Märkte der Zukunft zu besetzen. Strategisches Management bedeutet somit mehr als nur die langfristige Positionierung des bereits bestehenden Produktprogramms einer Unternehmung. Strategisches Management ist vielmehr mit einem Blick in die Zukunft verbunden. Es gilt, die zentrale Frage zu beantworten, wie der Bestand und der Erfolg der Unternehmung dauerhaft gesichert werden können.

3. *Durchführung*: Angesichts seiner Bedeutung stellt sich die Frage, wie strategisches Management idealerweise in einer Unternehmung durchgeführt werden sollte. Bewährt hat sich ein Prozessmodell, das die vielfältigen Aufgaben des strategischen Managements ordnet, systematisiert und in eine gewisse idealtypische Reihenfolge bringt. So werden in diesem Verständnis vier unterschiedliche Aktivitätenbündel oder Phasen unterschieden:

(1) Die Phase der Zielbildung (Entwicklung der Unternehmungspolitik, des Leitbildes und strategische Zielsetzungen),

(2) die Phase der strategischen Analyse (Unternehmungs- und Umweltanalyse, Prognose und Frühaufklärung),

(3) die Phase der Strategieformulierung (Formulierung, Bewertung und Auswahl von Strategien),

(4) die Phase der Strategieumsetzung. Dabei ist der strategische Managementprozess nicht als eine strikte, top-down vorgegebene Abfolge von Phasen zu verstehen, sondern als ein iterativer Prozess, der durch eine Vielzahl von Rückkopplungen und Überlappungen gekennzeichnet ist. Der Strategieprozess ist sowohl durch eine abschließende Kontrollphase als auch durch ein prozessbegleitendes strategisches Controlling zu unterstützen.

Sustainability Consulting

Beratungsleistung, die darauf abzielt, Unternehmen und andere Organisationen mit Fachwissen und Instrumenten auszustatten, um die sozialen Aspekte und die Auswirkungen der unternehmerischen Tätigkeit auf die Umwelt aktiv zu managen. Sustainability Consulting umfasst:

(1) die Betrachtung der sozialen und der Umweltwirkungen unter dem Gesichtspunkt der Nachhaltigkeitsfaktors,

(2) die Gestaltung und Nutzengenerierung aus Corporate-Social-Responsibility-Programmen,

(3) die nachhaltigkeitsorientierte Gestaltung der Wertschöpfungskette,

(4) die Ausarbeitung von Monitoring-Systemen,

(5) die Festlegung der Kommunikationspolitik.

Systemische Organisationsberatung

1. *Begriff:* Beratungsansatz, der sich vor allem auf die Systemtheorie, die Kommunikationstheorie sowie auf Methoden verschiedener familientherapeutischer Schulen stützt. Die systemische Organisationsberatung geht dabei davon aus, dass sich komplexe Probleme nicht lösen lassen,

wenn man die Aufmerksamkeit lediglich auf ein Element des Gesamtsystems richtet. Der inhaltliche Schwerpunkt liegt auf der Stärkung der Ressourcen und Kompetenzen der zu beratenden Organisation.

2. *Vorgehen:* Der Berater versucht zunächst, die Regeln zu verstehen, die das Verhalten der Personen in diesem System prägen. Dabei werden weder individuelle persönliche Schwächen und Stärken besonders in den Blick genommen, noch werden Organisationsstörungen aus betriebswirtschaftlicher Sicht bearbeitet. Vielmehr geht es darum, die Teilaspekte eines Unternehmens in dem Zusammenhang zu sehen, in dem sie in diesem System stehen. Dazu gehören Personen (Geschäftsleitung, Mitarbeiter, Kunden, Geschäftspartner usw.), aber ebenso der Geschäftsgegenstand wie Produkte oder Dienstleistungen und immaterielle Anteile wie Aufgaben, Ziele, Firmengeschichte und -struktur. Diese Systembestandteile unterliegen einer ständigen Dynamik, die das volatile Gleichgewicht zwischen ihnen immer wieder stört. Wenn es eine Störung im System gibt, ist das aus systemischer Sicht Ausdruck einer verletzten Balance. Es ist daher das oberste Ziel der systemische Organisationsberatung, Ausgleich zu schaffen und die Ordnung zwischen den einzelnen Systemteilen wiederherzustellen. Die Lösung muss dabei von innen aus der Organisation bzw. von den Mitarbeitern selbst kommen. Der systemische Berater beschränkt sich auf ein unterstützendes Coaching sowie auf die Anregung und Gestaltung von Veränderungsprozessen.

Transaction Services

Deal Services; Beratungstätigkeit im Transaktionsgeschäft. Das Kontinuum reicht von einer Evaluierung des Transaktionsobjekts vor dem Deal bis zur Vollendung der Transaktion mit anschließender Integration oder Separation des Transaktionsobjekts. Transaction Services werden in den folgenden Bereichen angeboten: Mergers & Acquisitions (M & A), Bewertung und Strategie, Freisetzung/Verkauf von Unternehmensteilen (Disposals), Joint Ventures, fremdfinanzierte Unternehmenskäufe (Leveraged Buyout), Börsengänge, Due Diligence, Gründungsvorhaben, Squeezeout-Vorhaben (Verdrängung von Aktionärsgruppen), Umwandlungen.

UBIT

Als Interessenvertretung der österreichischen Unternehmensberater-
und IKT-Branche ist der Fachverband Unternehmensberatung und Informationstechnologie (UBIT) der Wirtschaftskammer Österreich zuständig für die Berufe Unternehmensberatung, Informationstechnologie,
Gewerbliche Buchhaltung und Telekommunikationsdienstleistung. Der
UBIT ist eine Körperschaft öffentlichen Rechts.

1. *Aufgaben:* Ziel des UBIT ist die Wahrung der Interessen der Mitglieder
unter anderem durch: Schaffung geeigneter rechtlicher Rahmenbedingungen, Mitwirkung bei der branchenrelevanten Gesetzgebung, Öffent-
lichkeitsarbeit, Rechtsberatung, Mitgliederinformation zu berufsgruppen-
relevanten Themen im Consulting, Förderung der Ausbildung und
Weiterbildung.

2. *Struktur:* Neben dem landesweit tätigen Fachverband gibt es in allen
Landeskammern Fachgruppen Unternehmensberatung und Informationstechnologie, die für die direkte Mitgliederbetreuung zuständig sind.
Darüber hinaus sind sogenannte Experts Groups zu speziellen Dienstleis-
tungsgebieten auf der Verbandsebene angesiedelt.

Unternehmenskultur

1. *Begriff:* Grundgesamtheit gemeinsamer Werte, Normen und Einstellungen, welche die Entscheidungen, die Handlungen und das Verhalten der
Organisationsmitglieder prägen.

2. *Ziel:* Wenn Reputation (Ruf) das Oberziel von Unternehmenskommunikation ist, dann bildet die Unternehmenskultur den handlungsprägenden
Rahmen. Die Handlungen einer Organisation bilden zugleich die Beob-
achtungsfläche für Mitglieder der eigenen Organisation (Führungskräfte
und Mitarbeiter) sowie Dritte (Kunden, Banken, Politik) und tragen maßgeblich zur Wahrnehmung, zum Fremdbild (Image) und damit zur Reputation bei.

3. *Instrumente:* Leitbildprozesse gelten als ein zentrales Instrument des
Kulturmanagements. Diese Arbeitsprozesse unterstützen Organisationen, zum Teil implizit gelebte Kulturmerkmale der Tiefenstruktur wie

Selbstverständnis und Vision zu explizieren. Diese gilt es dann gegebenenfalls zu beeinflussen indem sie vertieft oder variiert werden, um die Soll-Wahrnehmung zu prägen.

4. *Aspekte*: Unterschieden werden zentral zwei Ebenen der Unternehmenskultur: die Tiefenstruktur als handlungsprägende Ebene (Werte, Normen, Einstellungen) sowie die Oberflächenstruktur, die von Dritten beobachtbar ist. Wenn die Tiefenstruktur als handlungsprägender Rahmen der Oberflächenstruktur arbeitet, dann muss Unternehmenskommunikation als Verhaltensmanagement dort ansetzen, um Image und Reputation nachhaltig beeinflussen zu können. Es gilt als umstritten, ob und inwieweit sich die Tiefenstruktur durch Kommunikation, Anreize und/oder Sanktionen nachhaltig verändern lässt.

Unternehmung

Wirtschaftlich-rechtlich organisiertes Gebilde, in dem auf eine nachhaltig ertragbringende Leistung gezielt wird, je nach der Art der Unternehmung erfolgt dies nach dem Prinzip der Gewinnmaximierung oder nach dem Angemessenheitsprinzip der Gewinnerzielung. Rechtlich bedeutsam ist die Ausdifferenzierung nach der verschiedenartig möglichen „Verfasstheit" des Unternehmens, insbesondere als Kapitalgesellschaft oder als Personengesellschaft.

VBI

Abkürzung für *Verband Beratender Ingenieure VBI*, der 2009 mit dem *Verband Unabhängig Beratender Ingenieure und Consultants e.V. (VUBIC)* verschmolzen wurde. Es blieb der Name VBI. Wirtschaftsverband, der sich als die führende Berufsorganisation unabhängig beratender und planender Ingenieure in Deutschland versteht. Der VBI setzt sich für die Verbesserung und Weiterentwicklung von politischen, wirtschaftlichen und gesellschaftlichen Rahmenbedingungen für Ingenieure und Consultants ein.

Wertschöpfungskette

Leistungskette, Value Chain. Managementkonzept von Porter (amerikanischer Betriebswirt, geb. 1947). Die Wertschöpfungskette stellt die zusammenhängenden Unternehmensaktivitäten des betrieblichen Gütererstellungsprozesses grafisch dar.

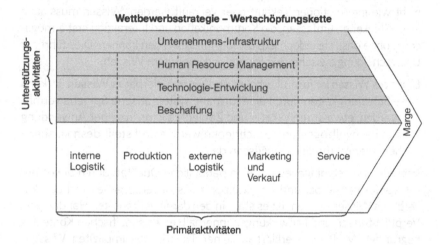

Nach Porter gibt es fünf Primäraktivitäten, die den eigentlichen Wertschöpfungsprozess beschreiben: interne Logistik, Produktion, externe Logistik, Marketing & Verkauf und Service. Außerdem gibt es vier Unterstützungsaktivitäten, die den Wertschöpfungsprozess ergänzen: Unternehmens-Infrastruktur, Human Resource Management, Technologie-Entwicklung und Beschaffung. Jede Unternehmensaktivität stellt einen Ansatz zur Differenzierung dar und leistet einen Beitrag zur relativen Kostenstellung des Unternehmens im Wettbewerb.

Wissensmanagement

Wissensmanagement beschäftigt sich mit dem Erwerb, der Entwicklung, dem Transfer, der Speicherung sowie der Nutzung von Wissen. Wissensmanagement ist weit mehr als Informationsmanagement. *Information* ist die notwendige Voraussetzung zur Generierung von Wissen. Deshalb kann man Informationen wie andere Güter handeln, Wissen hingegen nicht. Information ist ein Fluss von Nachrichten und bedeutet *Know-what*. Wissen hingegen entsteht nicht durch eine Anhäufung von Informationen, sondern erst durch die Verknüpfung der Informationen mit bereits vorhandenem Vorwissen, d.h. *Know-why*. Informationen werden erst dann zu Wissen transformiert, wenn sie auf dem Hintergrund von Vorwissen interpretiert und Bestandteil der persönlich verfügbaren Handlungsschemata werden. Deshalb kann Wissen nicht wie Informationen gekauft oder verkauft werden. Wissen muss auch jene Fähigkeiten umfassen, die Kommunikation und Interaktion erst ermöglichen, ohne dass sie jedoch explizit formuliert werden können. Dies führt zur Unterscheidung zwischen explizitem und implizitem Wissen.

Explizites Wissen ist formulierbares und reproduzierbares Wissen. Es kann ohne Schwierigkeiten durch eine formale, systematische Sprache vermittelt werden, etwa durch Wörter und Zahlen. Es kann in seiner Anwendung logisch nachvollzogen und beschrieben werden und stellt deshalb spezifisches oder methodisches Wissen dar.

Implizites Wissen hingegen hat eine persönliche Qualität, durch die es nur schwer formalisierbar und vermittelbar ist. Es ist verborgenes, nicht artikulierbares Wissen. Zudem ist es stark in den damit verknüpften Handlungen, Verpflichtungen und Mitwirkungen innerhalb eines spezifischen Kontextes begründet. M. Polanyi erklärt in seiner Theorie des impliziten Wissens menschliches Erkennen mit dem Satz, „dass wir mehr wissen, als wir zu sagen wissen".

Wissen und damit auch implizites Wissen setzt bei den subjektiven Wahrnehmungsprozessen der Individuen an. Unternehmensinterne und -externe Informationen werden von den einzelnen Organisationsmitgliedern wahrgenommen und selektiert. Der Erwerb von Wissen kommt erst durch die Interpretation dieser Informationen und die Verknüpfung mit bereits vorhandenem Vorwissen zustande.

Individuelles, explizierbares Wissen wird auch als *„embrained knowledge"* bezeichnet. Es ist ein bewusstes Wissen, das von den eigenen konzeptionellen Fähigkeiten abhängt und bewusst aktiviert werden kann, z.B. fachspezifisches Wissen. Dieses Wissen kann durch Regeln, Anweisungen oder Informations- und Kommunikationstechnologien übertragen werden.

Individuelles, implizites Wissen wird auch als *„embodied knowledge"* bezeichnet. Es ist ein aktionsorientiertes Wissen und resultiert im

Schwerpunkt aus bereits getätigten Erfahrungen. Dazu gehören kogni-
tive Fähigkeiten, wie mit Konzepten und Erfahrungen umzugehen ist,
aber auch Fertigkeiten wie die Feinmotorik einer Zahnärztin oder die
Fähigkeit, auf einem Seil tanzen zu können. Die Übertragung dieses
Wissens setzt intensive Interaktionsprozesse voraus und kann nicht
durch Weisungen angeordnet oder durch den Preismechanismus ge-
steuert werden.

Allerdings stellt die Summe des expliziten und impliziten Wissens, über
das die einzelnen Organisationsmitglieder verfügen, per se noch kein organisatorisches Wissen dar. Organisatorisches Wissen entsteht erst aus
der *koordinierten Zusammenarbeit* der Organisationsmitglieder. Die Ein-
bettung der individuellen Kenntnisse und Wissensbestände in spezifische
„organisatorische Settings" ist Voraussetzung, um aus dem Wissen der
einzelnen Organisationsmitglieder organisatorisches Wissen zu entwickeln. Dieses kollektive Wissen kann ebenfalls explizit oder implizit ausgeprägt sein.

Explizites, kollektives Wissen wird als „*encoded knowledge*" bezeichnet. Dieses Wissen besteht in Unternehmen in Form von Regeln und Verfahrens-
richtlinien, die in einem Unternehmen zur Anwendung kommen. Ihren
Ausdruck finden sie beispielsweise in organisationalen Leitbildern, Organigrammen, Führungsgrundsätzen oder in vom Unternehmen verfolgten
strategischen Konzepten. Dieses Wissen ist dokumentierbar.

Ontologische Dimension			
		individuelles Wissen	kollektives Wissen
epistemolo-gische Dimension	explizites Wissen	*embrained knowledge* bewusste, verbalisierbare Fähigkeiten und Kompe-tenzen	*encoded knowledge* in Regeln, „Verfahrens-richtlinien" kristalisiertes Wissen
	implizites Wissen	*embodied Knowledge* verinnerlichtes Können	*embedded knowledge* in organisationalen Routinen und mentalen Modellen verankertes Wissen

(Quelle: Lam 2000:491ff.)

Implizites, kollektives Wissen wird als *„embedded knowledge"* bezeichnet. Es kommt in Unternehmen vor allem in Form von organisationalen Routinen sowie von den Organisationsmitgliedern geteilten „mentalen Modellen" vor. Damit sind die von den Organisationsmitgliedern implizit verwendeten Handlungs- bzw. Alltagstheorien gemeint.

Heutzutage gilt in Unternehmen insbesondere implizites Wissen als Quelle nachhaltig verteidigungsfähiger Wettbewerbsvorteile. Es ist besonders schwer imitierbar, falls es gelingt, dieses Wissen in Wissensmanagementprozessen organisatorisch zu verankern. Dazu reicht eine Anhäufung und Speicherung von vielen Informationen oder die Beschäftigung von Mitarbeitenden mit Spezialistenwissen nicht aus. Individuelles, implizites Wissen ist zwar Grundlage des Wissensmanagements, stellt jedoch für sich genommen noch keinen nachhaltigen Wettbewerbsvorteil für Unternehmen dar, weil einzelne Wissensträger abgeworben werden können. Zwar lassen sie in diesem Fall große Teile ihres expliziten Wissens in Form von Aufzeichnungen zurück. Ihr implizites individuelles Wissen geht dem Unternehmen aber verloren.

Die japanischen Organisationswissenschaftler Nonaka und Takeuchi haben mit der so genannten „Wissensspirale" das bekannteste Modell des Wissensmanagements entwickelt. Im Kern geht es darum, dass erst der kontinuierliche Austausch zwischen explizitem und implizitem Wissen die Voraussetzung für die Generierung und Übertragung von organisatorischem Wissen bildet. Auf diese Weise kann implizites Wissen organisationsweit ausgebreitet und zugleich ständig angereichert werden. Damit organisatorisches Wissen kreiert werden kann, muss das individuelle implizite Wissen der Organisationsmitglieder einen dynamischen Übertragungsprozess durchlaufen. Dazu werden explizites und implizites Wissen zu vier verschiedenen Formen der Wissensübertragung kombiniert: Sozialisation, Externalisierung, Kombination und Internalisierung (siehe Abb. „Wissensspirale").

Die *Sozialisation* überträgt Wissen „von implizit zu implizit", d. h. weitgehend ohne Sprache. Stattdessen sind „Learning by Doing" durch Beobachtung, Nachahmung und Übung zentral. So erlernen Kinder die körperliche Routine Fahrrad fahren, indem sie so lange Tretbewegung, Lenken und Balance halten üben, bis sie es können. Typisches Beispiel für die Soziali-

Wissensspirale nach Nonaka/Takeuchi (SEKI- Modell)

Quelle: Nonaka/Konno (1998) in enger Anlenung an Nonaka (1994).

sation im betrieblichen Alltag ist die Integration eines neuen Team-Mitglieds in die Denk- und Handlungsroutinen der Gruppe.

Die *Externalisierung* verwandelt implizites Wissen in explizites. Allerdings ist diese Umwandlung immer nur teilweise möglich. Voraussetzung für die Externalisierung von implizitem Wissen ist intensive persönliche Kommunikation, z. B. in Qualitätszirkeln oder interdisziplinären Teams. Mithilfe von Analogien und Metaphern versuchen die Teilnehmenden, sich ihr implizites Erfahrungswissen wechselseitig zugänglich zu machen.

Die *Kombination* führt unterschiedliches explizites Wissen zusammen. Da die Kombination von Wissen nicht an „Face-to-Face"-Kontakte gebunden ist, kann es informationstechnisch unterstützt werden. Die herkömmlichen Informationstechnologien beschäftigen sich ausschließlich mit dieser Form der Wissensübertragung. Sie berücksichtigen damit nur einen kleinen Teil des relevanten Wissens.

Mit der *Internalisierung* wird explizites Wissen (teilweise) wieder in implizites Wissen verwandelt, allerdings in einer angereicherten, komplexeren Form. Dies geschieht, indem Individuen oder Gruppen Handlungsroutinen erlernen, die vorher explizit ausformuliert waren. Die sichere Beherrschung von Routinen ermöglicht, dass komplexe Tätigkeiten „wie im Schlaf" ausgeführt werden. Sie erfordern nur noch eine reduzierte Aufmerksamkeit.

Je häufiger die Wissensspirale durchlaufen wird, desto komplexer wird das organisatorische Wissen, verkörpert in organisatorischen Routinen und Regeln. Diese stehen dem Unternehmen selbst dann noch zur Verfügung, wenn einzelne Wissensträger das Unternehmen verlassen. Personen können immer nur ihr individuelles implizites Wissen mitnehmen, nicht aber das kollektive, aufeinander abgestimmte Regel- und Routinewissen. Danach gelingt einem Unternehmen ein erfolgreiches Wissensmanagement, wenn

(1) nicht nur Wissen miteinander kombiniert, sondern auch in Sozialisations-, Externalisierungs- und Internalisierungsprozessen übertragen wird;

(2) das (explizite und implizite) Wissen in der Organisation bleibt, auch wenn Individuen diese verlassen, weil es in formalen und informalen Regeln und Routinen gespeichert ist und

(3) wenn das in der Organisation verfügbare Wissen die Kapazität von Einzelköpfen übersteigt, d. h. individuelles Wissen zu kollektivem Wissen erweitert wird. Dies stellt sicher, dass der Nutzen der Arbeitsteilung fruchtbar gemacht werden kann, d. h. nicht jedes Organisationsmitglied alles wissen muss.

Printed in the United States
By Bookmasters